復刻版

韓国併合史研究資料 116

鮮満地方出張視察報告書
鮮満地方視察報告
朝鮮地方制度視察報告書
朝鮮民情視察報告
清国及朝鮮視察報文

龍溪書舎

本復刻版製作に際しては、東京経済大学図書館のご好意により、同図書館所蔵本を影印台本とした。ここに深甚の謝意を表する次第である。

昭和十四年四月

鮮満地方出張視察報告書

晒粉販売株式会社大阪支店

木村富士

鮮満地方出張視察報告書

木村富士

昭和十四年四月十日ヨリ同二十九日ニ至ル二十日間、依命鮮満地方ニ出張ノ上、視察調査シタル事項、別記ノ通リ及報告候也

報告目次

頁数

附録

第一　旅程及鮮滿略圖

(一)、旅程

大阪―門司―京城―興南―吉州―開山屯―石峴―樺林―敦化―新京―奉天―安東―釜山―門司―大阪。

(二)、日程

四月十日　午後十一時二十七分　大阪駅発
〃　十一日　午前九時二十五分　下関着
〃　〃　午後十時三十分　下関發
〃　十二日　午前六時〇分　釜山着
〃　〃　午後三時二十八分　京城着（窒素販賣）
〃　十三日　午後十時〇分　京城發
〃　十四日　午前七時五十七分　興南着（本宮工場）

四月十五日　午後十一時四十六分　興南發
〃　十六日　午前四時四十二分　吉州着（北鮮製紙）
〃　〃　午後三時十七分　吉州發
〃　〃　〃　七時五十分　清津着
〃　十七日　午前七時三十八分　清津發
〃　〃　〃　十時二十四分　上三峰着
〃　〃　〃　十一時〇二分　上三峰發
〃　〃　〃　〃　十分　開山屯着（東満パルプ）
〃　十八日　〃　九時三十三分　開山屯發
〃　〃　〃　九時四十分　上三峰着
〃　〃　〃　十時二十四分　上三峰發
〃　〃　〃　十時五十八分　南陽着

四月 十八日 午後〇時四十五分 南陽發
〃 〃 一時五十分 石峴着（東洋パルプ）
〃 十九日 午前八時五十七分 石峴發
〃 〃 午後四時四十三分 樺林着（満洲パルプ）
〃 二十日 午前十一時十分 樺林發
〃 〃 午後六時二十五分 圖們着
〃 廿一日 午前七時十分 圖們發
〃 〃 〃 十一時四十六分 敦化着（日満パルプ）
〃 〃 午後四時〇分 敦化發
〃 〃 〃 九時五十八分 新京着
〃 廿二日 〃 〃 三十分 新京發
〃 廿三日 〃 一時四十三分 奉天着（乾卯商店、弘南商事 三井物産）

四月	廿四日	午後十一時三十分	奉天發
〃	廿五日	午前五時四十分	安東着
〃	廿六日	午後四時十分	安東発
〃	廿七日	午前七時二十分	京城着
〃	〃	午後三時十六分	京城発
〃	〃	〃 十一時〇五分	釜山着
〃	〃	〃 〃 三十分	釜山発
〃	廿八日	午前七時十五分	下関着
〃	〃	午後十一時〇分	下関発
〃	廿九日	午前九時二十五分	大阪着

以上

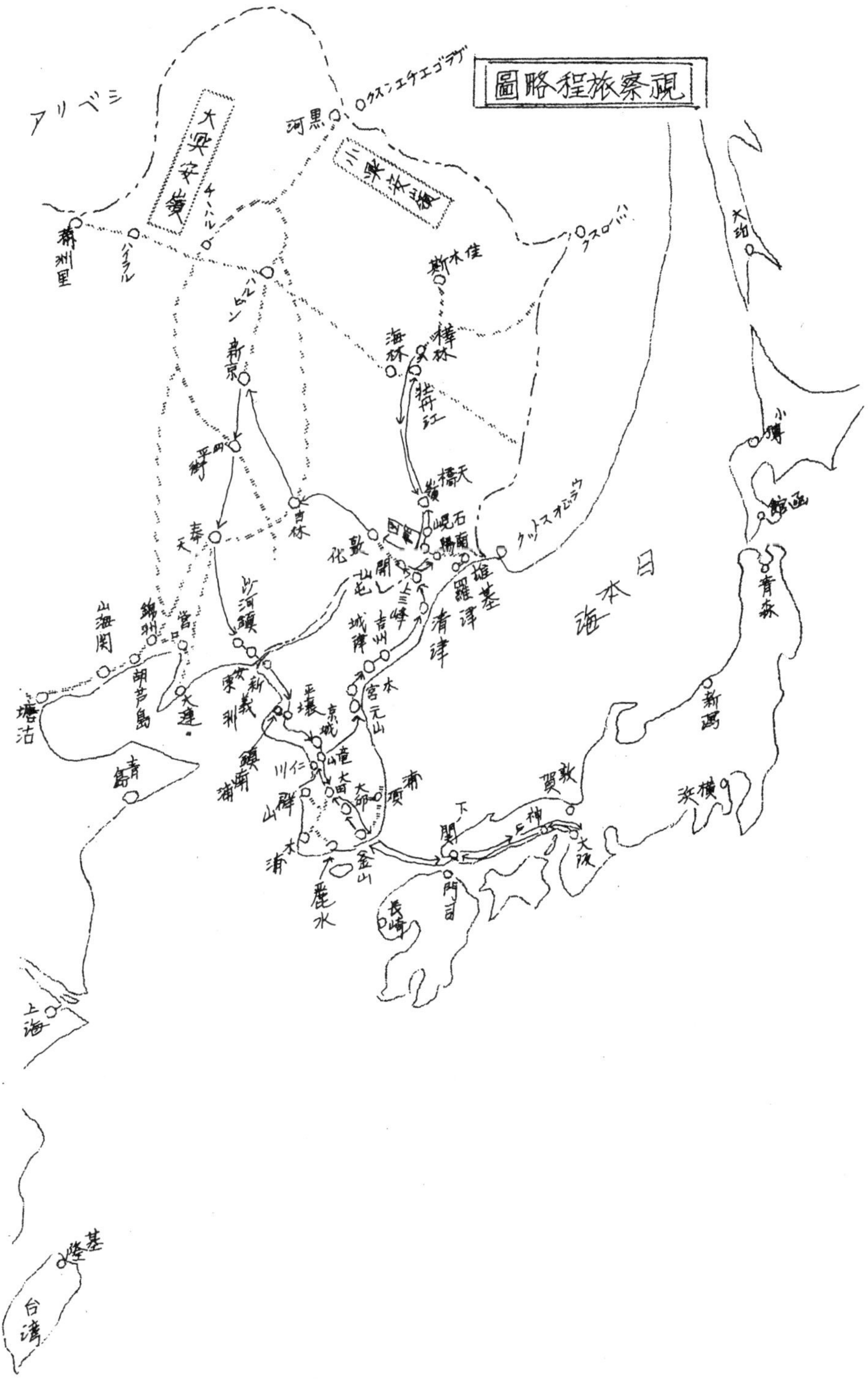
視察旅程略圖
シベリア
大興安嶺
小興安嶺
黒河
ブラゴエチエンスク
満洲里
ハイラル
チチハル
ハルビン
ハバロフスク
佳木斯
海林
牡丹江
新京
四平街
奉天
吉林
敦化
図們
南陽
石峴
雄基
羅津
清津
吉州
城津
元山
ウラジオストック
日本海
山海関
錦州
営口
胡芦島
大連
塘沽
青島
安東
新義州
平壌
京城
鎮南浦
仁川
龍山
大田
大邱
浦項
木浦
麗水
釜山
下関
門司
長崎
神戸
大阪
敦賀
横浜
新潟
青森
函館
小樽
大泊
上海
基隆
台湾

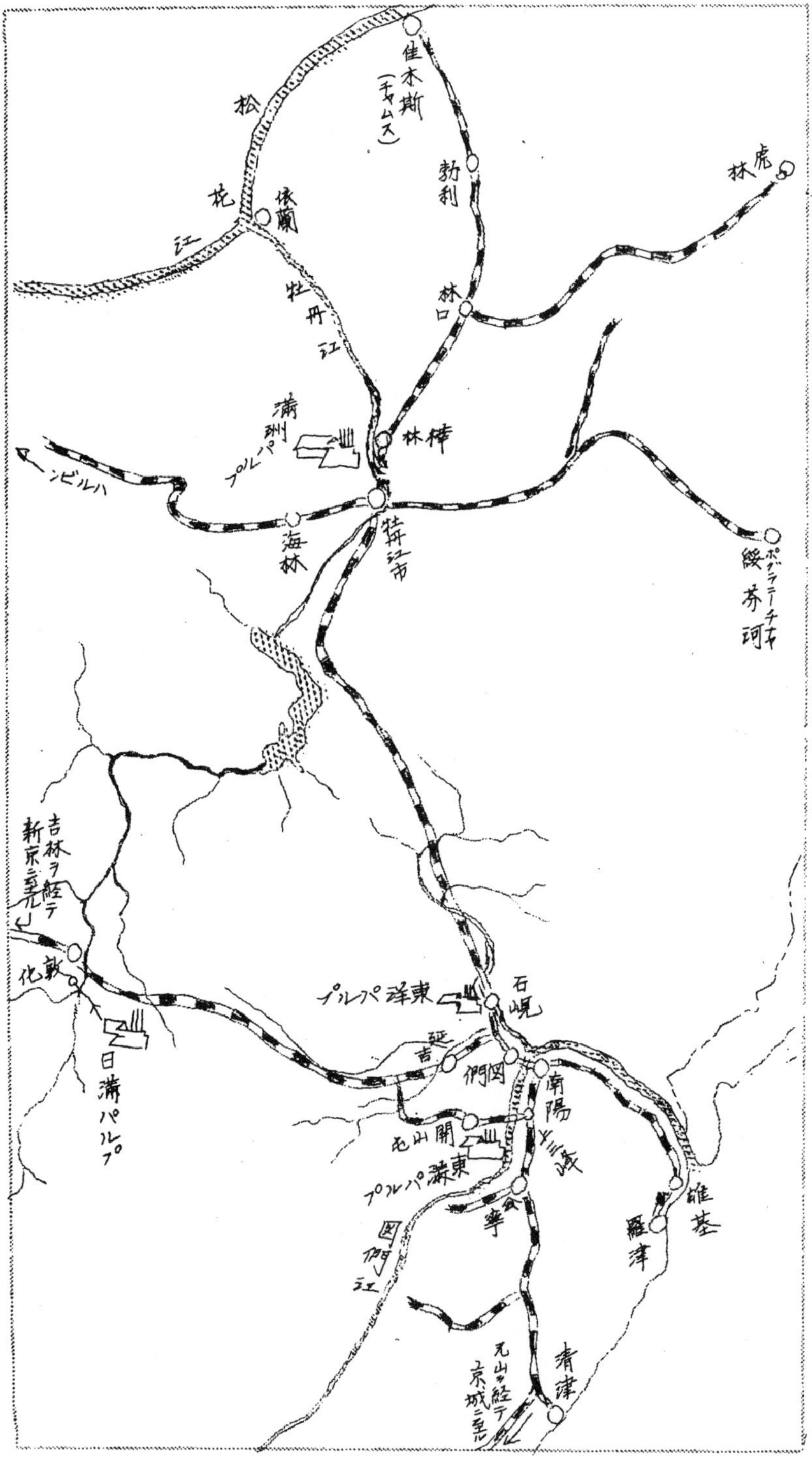
佳木斯
（チャムス）
勃利
虎林
松花江
依蘭
牡丹江
林口
満洲パルプ
樺林
ハルビンへ
海林
牡丹江市
綏芬河
ポグラニーチナヤ
吉林ヲ経テ新京ニ至ル
敦化
日満パルプ
東洋パルプ
石峴
延吉
図們
南陽
開山屯
上三峰
東満パルプ
会寧
雄基
羅津
図們江
清津
元山ヲ経テ京城ニ至ル

第二　朝鮮ニ於ケル製紙工業

(一) 概観

朝鮮ニ於テハ従来楮ヲ主原料トスル副業的ノ頗ル幼稚ナ手抄製紙法ガ行ハレ今尚各地ニ散在シテ居ル。総督府デハ補助金ヲ交付シテ昭和二年以来主要地ニ共同作業場ヲ設置セシメ大イニ斯業ノ改善発達ヲ促シツヽアリ。現在其ノ数二十一箇処ニ達シテ居ル。

機械製紙工場ハ王子製紙朝鮮工場ヲ主トシ其ノ他京城ノ龍山工作及光州刑務所工場ガアル

王子製紙工場ハ鴨緑江材ヲ原料トシ「サルファイトパルプ」及ビ包装紙ヲ抄造シ其ノ他ノ工場デハ塵紙、満洲向焼紙ヲ製造シテ居ル

尚昭和十年ニハ国境地方ノ木材ヲ原料トスル北鮮製紙株式会社ガ設立セラレ目下年産二〇、〇〇〇噸ノ「人絹パルプ」ト松脂ノ副生加工品ヲ生産シテ居ル

亦、鴨緑江岸ニ叢生セル葦ニ着眼シ昭和十三年末鐘紡経営人絹パルプ工場ニ依テ年産七、

〇〇〇噸ヲ生産スル
右ノ外、棉皮ヲ原料トスル朝鮮製紙工場ガ群山ニ設立セラレ、現ニ「パルプ」及ビ洋紙ノ一部ヲ満洲方面ニ輸出シテ居ル。

(二)、特約店及使用工場分布

(イ)、特約店住所氏名

一、キイ商店　京城府南大門通五丁目
二、井上喜商店　京城府蓬萊町一ノ五
三、後藤商店　京城府長谷川町
四、浜榮商店　大阪市西区新町南通三丁目
五、藤田藥舗　釜山府辨天町一
六、大黒南海　〃
七、廣田商店　平城府里門里八五
八、尹世植商店　平城府街廳里
九、田中商會　清津府幸町

(ロ)、特約店ノ主ナル需要先

（A）、キイ商店

鐘紡京城工場（京城府永登浦町）	目的	一四〇箱
龍山工作製紙部（〃）	〃	一〇〇〃（製紙原料漂白）
京城寸莎製造所（京城府孔徳町）	〃	五〇〃（寸莎漂白）
朝鮮織物會社（京畿道安養）	〃	四〇〃
京畿染織會社（京城府永登浦町）	井上喜商店欄ノ通リ	
上田寸莎製造所（京城府南大門通）	目的	三〇箱（寸莎漂白）
京城刑務所（京城府西大門通）	井上喜商店欄ノ通リ（製紙漂白）	
光州刑務所（全南光州）	目的	三〇箱（〃）
東陽産業組合（全北完州郡）	〃	五〇〃（〃）
全州南原ヲ中心トスル全羅北道方面	〃	五〇〃（〃）
京城附近一般賣	〃	一〇〇〃

小計　五九〇箱

(B)、井上喜商店

東洋紡績京城工場（京城府永登浦町）	目的	二五箱
鐘紡京城工場（〃）	キイ商店欄ノ通リ	
柳町染工場（〃）	目的	六五箱
京織染織會社（〃）	〃	三〇〃
昌和工業會社（〃）	〃	四〇〃（織布漂白）
泰昌織物會社（京城府清凉里）	〃	一〇〃
京城府廳	〃	一〇〃（諸消毒用）
朝鮮織物會社（京畿道安養）	キイ商店欄ノ通リ	
京城刑務所（京城府西大門町）	目的	一〇〇箱（製紙漂白）
京城附近一般賣	〃	五〇箱

平城附近一般賣　目的　二〇箱

全州、南原ヲ中心トスル全羅北道方面　目的　五〇〃

小計　四〇〇箱

備考、鐘紡、京織染織、朝鮮織物、京城刑務所等ハ、納入者ハ一定致シ居ラズ、
現在キイ商店、井上喜商店ニテ納入ス

(C)、後藤商店

同店ハ大口ノ取扱ナク専ラ小口一般賣が主ナリ

木浦、群山揚(全州南原光州方面送リ)目的　五〇箱

京城附近一般賣　五〇〃

小計　一〇〇箱

(D)、濱榮商店

南鮮方面一般小口賣(群山、木浦、釜山揚)目的一〇〇箱
全州、南原、光州方面ハ殆ド朝鮮紙製造及麻布ノ漂白剤

(E) 藤田藥舗　目的一五〇箱

(F) 大黑南海堂　目的一五〇箱

右両店ハ釜山ヲ中心トスル南鮮方面ニ販売ナシ、大口需要ニ対シテハ両店夫々自由ニ供給致シ居リ、主ナル需要先ハ左記ノ通リ

朝鮮紡織會社(釜山府凡一町)　目的一〇〇箱
釜山織物工場(〃　釜田里)　〃　四〇箱
丸和工業会社(〃　堂甘里)　〃　二〇〃(人絹綿布類漂白)
日鮮晒工場(〃　凡一町)　〃　二〇〃(〃)
手島洗濯曹達工場(〃　大新町)　〃　一〇〃
千葉商会(〃　本町)　〃　三〇〃(一般小口売)

辻染料商会（釜山府大倉町）　目的　四〇箱（一般小口売）
馬山繰綿工場（馬山府浜町）　〃　一五　〃
其他一般小賣（藤田薬舗）　〃　二〇　〃
〃　（大黒南海堂）　〃　二〇　〃
両店ノ取扱高ハ各々右数量ノ半分宛見當ナリ

(G)、廣田商店　目的　三〇箱
(H)、尹世植商店　〃　三〇　〃

右両店ハ平壌地方ニ販売致シ居ルモ平壌地方ハ従来大口需要ハナク殆ド全部中小製綿業者、製紙業者又ハ寸莎製造ノ漂白剤トシテ使用ス
主ナル需要者ハ左記ノ如シ

永川寸莎工場（平壌府新里）　目的　七箱
平安寸莎工場（〃　慶上里）　〃　一〇　〃

昌隆商會（平壌府新倉里）　目的　一〇箱

平壌寸莎工場（〃　南門里）　〃　一〇〃

其ノ他中小織物業者　一五〃

(I)、田中商會

朝鮮油脂工場　目的　五〇箱

〇鐘紡新義州工場（新義州江岸）　目的　四五〇箱

鮮内合計　二、〇五〇箱

朝鮮ニ於ケル需要ハ晒粉販売会社直扱ヒノ鐘紡新義州工場納メノ四五〇箱ヲ除イテハ大体前記ノ如ク月約一、六〇〇箱程度ナルモ右ハ大体最近一ケ年ノ使用量ヲ月割ニ平均セシモノニテ、二、三、四、五、六月ノ需要期ハ各月共右数量ヨリモ増加シ、他ノ月

ハ減少ノ実績ニアル
因ニ最近二ヶ年ノ過去ノ実績ハ

記

	十二年度実績	十三年度実績	差引（減△）
上半期実績	七、二八六	六、二二〇	△一、〇六六
下半期実績	二、五八二	五、二四一	二、六五九
計	九、八六八	一一、四六一	一、五九三

右ノ実績ヲミルニ、十三年度ノ実績ハ十二年度ノ実績ニ比シ、一、五九三箱ノ増、即チ約一割ノ需要量ナリ
過去ノ実績ハ大体月約一、〇〇〇箱ナルニ前述ノ豫想ハ月約一、六〇〇箱トアルハ事変ニ依リ染料等ノ昂騰等ノタメ晒物ニ転向及一般需要増ノ傾向ヲ斟酌シタル結果ナリ

（三）北鮮製紙化學工業株式會社

東京出張所　東京市麹町区有楽町　三信ビル

創　立　昭和十年四月

資本金　貳千萬円（1/2拂込）

工場（本社）　朝鮮咸鏡北道吉州郡吉州

製造開始　昭和十一年十二月

現在ノ年産　二万三千瓲程度ノ人絹パルプ

増産計画　人絹パルプ年産四万瓲迄増産計画

原　木　朝鮮材（落葉松ヲ主トシテ唐松、白松、赤松）

昭和十二年度ノ生産高　二〇、八六〇瓲

〃　使用量　三二五、〇七〇石

製　法　亜硫酸法

液体塩素ノ使用量（月）八五―一三〇瓩
平均　一一〇瓩

対製品百分率　六、五％

同社所有液体塩素容器　一〇〇瓩　七〇〇本

ダイゼスター　七基（増設ノ分四基ヲ含ム）

機械設備

大要以上ノ如キ会社デ製紙会社トイッテモ別ニ紙ヲ作ル工場デハナイ。原木ハ白頭山ト原生林カラ伐リ出サレタ落葉松デアルが、由来パルプ資材殊ニ人絹パルプトシテハ「エゾマツ」、「トドマツ」ノ樹種ニ限ラレテイタノデアルが、研究ノ結果北鮮産ノ落葉松が全世界ニ魁ケテ落葉松人絹パルプが企業化サレ、完成サレタノが此ノ北鮮製紙吉州工場デアル。

同工場ハ、過グル昭和十年七月着、同十一年十一月竣上、自慢ノ、至極嶄進ナ機械設備ヲ誇リ、目下ノトコロ年産ニ万三千瓩ノ人絹パルプヲ生産、優秀ナ製品ヲ市販シテ噴、

嘖タル好評ヲ博シテ居ルガ、更ニ落葉松焼損木ヲ資材ニ一万屯増産施設ニ着手、本年六月中ニ完成ノ豫定デアル

飜ッテ我国人絹パルプ界ノ現状ヲ観ルニ、一ケ年ノパルプ消費量ハ約百万屯、ソノ内八割五分ガ製紙用ニ振向ケラレ人絹用ハ僅カニ一割五分程度デアッタガ、近来纖維資源ノ需要増大ト綿製品ノ統制等ニ依ッテ代用被服資源トシテノ人絹ハ益々需要増大ノ傾向ニアルニ不拘コレガ国内生産高ハ最近迄ハ四万屯程度ニ過ギズ、ソノ大部分ハ輸入ニ依存シテ居ル現状デ、コレガ打開策トシテ人絹パルプ供給資源ノ獲得ガ刻下ノ重要課題トナッテ来ツヽアッタ折、北鮮ノ山地ニ無盡藏ニ蓄積サルヽコノ落葉松ガ遂ニ人絹パルプ資源トシテ登場シタコトハ、ソコニ大キナ国策的意義モ伴フ理デアル

(四) 鐘紡新義州工場

工　場　新義州江岸駅ヨリ下流約十五町ノ処ニ在リ

計　画　現在人絹パルプ一ヶ年七、〇〇〇瓲ノ生産ノ由ナレドモ実際ハ五、〇〇〇瓲程度ノモノト思ハル

増産計画ハ一五、〇〇〇瓲

資料手当　新義州江岸ニ叢生スル葦ヲ原料トスル

薬品ノ使用量　液体塩素　一三、〇〇〇―一五、〇〇〇瓲

晒　粉　二〇、〇〇〇―二五、〇〇〇瓲

第三　満洲ニ於ケル製紙工業

(一) 現況概観

満洲ノ製紙工業ハ過去甚ダ不振ノ憾ナキニ非ザリシモ、新国家ノ発展、関税ノ独立、市況ノ好転、之ニ加フルニ日本内地ノ「パルプ」不足ニ乗ジ、支那人向下級紙ヲ専門ニ生産セル各工場ハ頓ニ活気ヲ呈スルニ至ッタ。

(二) 製造方法

(イ)、機械工業的ノ製法

鴨緑江製紙ハ「サルファイトパルプ」「グランドパルプ」並ニ近代式製紙工業ノ一般設備ヲ具備シ居リ、他ノ撫順製紙、松浦製紙ハ木質紙料ニ依ラズ曹達法ニ依ッテ蒸煮シタ原質ヲ小型ノ「シリンダーマシン」デ抄紙スル、恰モ内地機械漉和紙ノ工程ト同様ニテ工場モ、規模モ小サク且ツソノ製品モ下級支那紙ヲ主トスルモノデアル

唯、六合製紙廠ハ木材パルプヲ主原料トシ模造紙及印刷紙ノ抄造ヲ行フニ至ッタガ、

其他焼紙原料トシテ創業当初ヨリ鴨緑江岸ノ葦ヲ用ヒテ居ル

(ロ)、家内工業的ノ製法(紙房又ハ紙司)

原料ノ殆ド全部ガ麻屑、麻縄屑或ハ紙屑デアッテ蒸釜上ニ置カレタル木桶ノ中デ石灰(稀ニハ曹達灰混用)ヲ用ヒテ蒸煮シ、石碾子ニテ壓砕、水洗ノ上、手漉スル

(三)、需要関係

需要関係ヲ満洲事変ノ前後ニ比較スレバ次表ノ如クデアル

満洲ニ於ケル紙類需給関係　（単位 1,000円）

		昭和2年	昭和10年	備考
国内生産額	新式工場製品	1,909	4,251	
	紙房製品	650	650	旧調査ニ依ル
	計	2,559	4,901	
輸入額	支那製品	3,715	1,222	
	外国品 日本品	5,515	389 10,740	
	計	9,230	12,351	
輸出額（再輸出共）	支那紙代用品	908	1,653	
	外国品 日本品	202	2 119	
	計	1,110	1,775	
需要額	支那紙（新式工場製品）	4,715	3,820	
	支那紙（紙房製品）	650	650	
	外国品 日本品	5,313	386 10,623	
	計	10,678	15,479	

乃チ昭和十年度生産額四九〇万円、輸入額一二三五万円、輸出額一七七万円、差引需要額一、五四八万円ニ達ス。之ヲ満洲事変前ノ旺盛時(昭和二年)ニ比較スルモ著シキ発展振ヲ認ムルコトガ出来ル。就中

(イ)国内生産額ノ著シキ増加

(ロ)輸入ニ於テ支那製品ノ減退及日本製品ノ進出増加

(ハ)支那代用品ノ輸出(再輸出ヲ含ム)ノ増加

ハ見逃スベカラザルモノデアル

(註)支那製品ノ輸入激減ハ支那紙ノ需要減退ニハアラデ完ク国内ニ於ケル支那紙代用品ノ生産増加ガ原因スルモノデアッテ今後更ニ増大スルモノト思料セラレル

(四) 本工業ノ將來

満洲ニ於ケル「パルプ」工業ハ日本ノ需要ニ應ズベキ重大使命ヲ有スル。随テ人絹パルプ工業ノ勃興ハ勢ヒ現地ニ於ケル製紙工業ノ進展ヲ或ル程度マデ誘発スルデアラウ。殊

ニ満洲国ソレ自体ニ於テモ年々紙ノ需要ヲ盛ナラシムル趨勢ニ在リ、剰ヘ支那紙ノ激減ノ結果、抄紙ヲ目的トスル製紙工場ガ大ニ有望視セラルベキ将来性ヲ有スル。然レドモ硫黄、松脂、染料ノ生産サレザル関係上、関税ノ低減ヲ望ンデ止マナイモノデアル

(五) 満洲ニ於ケル晒粉ノ取引情況

満洲ニ於ケル晒粉ノ需要高ハ的確ニ之ヲ知ルヲ得ザレドモ大体年間見当左記ノ如シ
但シ「パルプ」工場需要量ニ就テハ別項「パルプ工業」ノ項ニ附記スル

一、軍部関係　年約　箱

一、染廠、顔料製造、消毒、其他一般向　年約　六、〇〇〇箱

（一般ニ強度晒粉及高度晒粉ヲ歓迎サレルモ品不足ノ為普通晒粉ヲ使用）

一、特約店ト其ノ需要先

1、特約店　乾卯商店

其ノ需要先

井上染廠　年約　三〇〇箱
新々染廠　〃　三〇〇〃
瀋陽染廠　〃　二〇〇〃
福増湧　〃　一七〇〃
泰昌染廠　〃　三五〇〃
洪昌紙工廠　〃　一六〇〃
滿洲紙工廠　〃　一六〇〃
恭泰メリヤス工場　〃　一五〇〃
計　年間　一、七九〇箱

2、特約店　弘南商事株式會社

其ノ需要先

滿人染廠向　年約一、二〇〇箱

3、特約店　三井物産株式會社

其ノ需要先

満人染廠紙工廠向　年約　二、五〇〇箱

總計　年間　五、四九〇箱

右ハ年間需要ナルモ事実ハ四、五、六、七ノ四ヶ月間ニシテ他ハ殆ド皆無デアル

(六)、工場分布及能力

(イ)　六合成造紙廠（安東八道溝）

創立　昭和十年七月　旧六合成造紙廠ヨリ王子製紙株式会社トナル

資本金　百五十萬円（全額拂込）

工場　満洲国安東縣中興鎮

敷地　二萬六千五百坪

生　産

模造及印刷紙　年産　一千二百万封度

海紙、川表紙　〃　二百万封度

原料使用量　昭和十年度　サルファイトパルプ　五、五〇〇瓲

〃　蘆　一、一三四瓲

〃　焼紙　四五四瓲

生産高　昭和十年度　模造紙、印刷紙　四、五四〇瓲

〃　焼紙　九〇七瓲

晒粉使用量　概括（月）　一五三瓲

機械設備

蒸解釜　ステーショナルダイゼスター　五瓲　二基

ロータリ　〃　一瓲　二基

抄紙機　一四四吋長網式変形ヤンキーマシン　一台

五〇吋丸網式　〃　一台

(ロ)、安東造紙股份有限公司

創　立　昭和十一年八月

資本金　三百萬円(1/4拂込)　王子系

工　場　滿洲國安東沙河鎮

原　料　亜麻屑(鮮人古衣)　鮮滿ロープ

製　品　煙草用紙

生　産　ライスペーパー　年産　二百八十萬封度

晒粉使用量　概括(月)　九瓲程度

(ハ)、松浦製紙工場(大連市外夏家河子)

曹達法(苛性ソーダ或ハ曹達灰ト石灰)

創　立　昭和八年八月　旧滿洲製紙会社工場ヲ買收創立

資　本　十五万円　經営主松浦静夫氏
工場能力　原料一日一二瓩強
　　　　　製紙日産六、八瓩
原料使用高　昭和十年度　紙屑二、一二六瓩
製産高　〃　焼紙一、三一三瓩（元表紙、川表紙、海淡紙）

（二）
撫順製紙工場（撫順）
　曹達法（苛性ソーダ或ハ曹達灰ト石灰）
創　立　昭和五年十一月（旧滿洲製紙営口工場ヲ買收増設）
資本金　十二万円
原料使用高　昭和十年度　紙屑　一、八三九瓩
製産高　昭和十年度　焼紙　九七八瓩、包紙一〇瓩、塵紙五〇瓩

第四　満洲ニ於ケルパルプ工業

(一)、現況概観

満洲ニ於ケル木材パルプ工業会社ハ五アリ、曰ク安東ノ鴨緑江製紙株式会社、圖佳沿線ノ満洲パルプ、東洋パルプノ二社。京圖線ノ日満パルプ。朝開線ノ東満パルプデアル。ソノ内鴨緑江製紙最モ古ク、他ノ四社ハ何レモ昭和十三年ヨリノ操業デアル。

葦ヲ原料トスル營口ノ康徳パルプ会社ハ日産二〇瓲能力デアルガ近ク日産五〇瓲ニ拡張スル計画ナリト聞ク、目下建設中ノ豆稈パルプ会社ハ年産一五、〇〇〇瓲ノ豫定デアル。要スルニ日満経済ブロックノ立前ヨリスル生産計画トシテハ実ニ木材パルプ年産三〇〇、〇〇〇瓲、木材以外ヲ原料トスルモノ一〇〇、〇〇〇瓲、合計四〇〇、〇〇〇瓲ヲ目標トシ今後数年ノ内ニ実現スル豫定デアル。但シ最近国際情勢ヨリスル資源統制ノ結果、多少ノ支障ヲ免レザルモ必ズ実現近キニ在ルモノトシテ之ヲ現実ヨリ考フルニ既設五社ニ於テ現在五〇、〇〇〇瓲ノ生産デアルガ最近七〇、〇〇〇瓲ニ増加スル現状デアル。

而シテ五ヶ年計画ニヨル北満森林資源ノ開発ニ依リテ大小興安嶺森林資材トシテ二三〇、〇〇〇瓲パルプノ増産ヲ見ルベク、佳木斯及黒河方面ニ資本金一億円ノ大工場建設ノ企劃成ルト報道セラレテヰル。

以上ノ結果トシテ右三〇〇、〇〇〇瓲パルプ生産ニ要スル木材資源五百四十万石ニ達スルモノト見レバ其ノ結論トシテ満洲ノ全森林トパルプ工業発展トノ間ニ今後大ニ考究スベキ喫緊ノ大問題が提起サレルモノデアル。

如上ニ関聯シタル過去ノ事実ヲ略序スレバ、前述四パルプ会社（満洲、東洋、日満、東満）ハ昭和十一年工場設置ノ許可ヲ得、昭和十三年相前後シテ操業スルノ運ビニ至ッタ。當時林野局トシテハ林力ノ立場カラ初期ハ一社一万瓲生産、原木新満石（日本）石ニ対シ一、三石ニ当ル）約十三万石ト見テ四社計五十二万石斫伐ト定メタ。二期ヨリハ一社一万五千瓲、原木八十万石内外ト見ラレテヰル。而シテ日満パルプハ満洲林業会社カラ、他ノ三社ハ圖佳線及京圖沿線出材ノ官斫伐材ヨリ供給ヲ受ケテ居ル。

林野當局ガ林力ニ立脚シテ一万瓲生産ヲ固執スルニ対シ四社代表ハ満洲ニ於ケル生産費ハ日本ノソレヨリモ高値トナル関係ヨリ一万五千瓲生産ヲ陳情シテ居ル。（別項パルプ生産經費内満比較表参照）

(二) 原料関係

(一) 満洲ノ森林

満洲ノ森林ハ杉松類、紅松、落葉松等ノ針葉樹ト濶葉樹ニ四大別サレル落葉松ノ大部分ハ大興安嶺ニ主林ヲナシ、濶葉樹ハ其ノ他ノ全森林地帯ニ広ク分布ス針葉樹中最モ分布広キハ紅松。杉松類ハ紅松ト混林ス

(二) 蓄積量ト資材量

満洲ノ森林ノ立木蓄積量ニ就イテ昭和十年満鉄旧経済調査會ハ針葉樹約三十九億石、濶葉樹約五十三億石ト想定推算シテヰル。確実ナル数量ハ目下満洲国政府デ進メツヽアル森林調査ガ完結スル迄ハ判ラナイ。従ッテ軽々ニ「パルプ」資源ヲ論ズルハ危険デア

ルガ仮リニ満鉄想定量ヲ基トシテ「パルプ」適材トセラレテ居ル杉松類ヲ推算シテ見ルト表示ノ如クソノ立木蓄積量ハ約五、七億石、之レヨリノ得材量ハ一・四億トナル。之レニ森林維持策ヲ考慮ニ入レテ実際ニ於ケル原木ノ年産可能量ヲ推算スルト更生期間ヲ七十年ト見レバ二百八万石、三十年ト見テモ四百七十九万石シカ得ラレナイコトニナル。即チ杉松ダケデハ日本ノ「パルプ」自給ヲ充タスニハ足リナイ

紅松ハ有用建築材デアルカラ第二次ノ「パルプ」資源トシテハ偏地ノ嫌ヒハアルガ大興安嶺ノ落葉松、更ニ闊葉樹等ノ「パルプ」化ガ考ヘラル

(三) 本工業ノ将来

満洲ニ於ケル「パルプ」工業ハ之ヲ事業ノ諸條件関係ヨリ見ルト樺太ナドニ比ベテ可成リ遜色ガアル。林相、材質ノ不利、搬出ノ困難等ニ伴フ原木ノ價格関係等・パルプ採算関係ヲ可成リ窮屈ニスルハ免レナイダラウ。其ノ他電力、水利運輸藥品等ノ條件モ有利トハ云ヘナイ

現有ノ「パルプ」工業ハ企業條件ノ多少ノ不利ニ不拘操業ヲ續ケルダラウガ更ニ健実ナル發展ノタメニハ諸工業ノ發展乃至ハ関税関係ノ改変ガ望マシイ。殊ニ曹達工業ノ發展ニ依ル塩素、晒粉、苛性曹達ノ安價ナ供給、發電計画ニ依ル電力代ノ低下ハ特ニ満洲パルプ工業ニ必要デアル。

満洲森林ノ立木蓄積量ト原木年産可能量（想定推量、單位万石）

	杉松	紅松	落葉松	濶葉樹	計
立木蓄積量	五七、五三一	八六、二九四	二四五、五九二	五二七、二九九	九一六、七一六
得材量	一四、三八二	二一、五七四	六一、三九八	七三、八二一	一七一、一七五
資材年産可能量	二〇八	三一二	一、〇三二	一、四九七	三、〇四九

備考

(一)、得材量ノ算出

	伐採可能蓄積	造林歩止	得材率
針葉樹	六四%	四〇%	二五%
濶葉樹	四四・五%	三〇%	一四%

(二)年産可能量ノ算出

得材量÷整理期間＝年産可能量

整理期間‥杉松、紅松七〇年・落葉樹六〇年・濶葉樹五〇年・

(四) 工場分布及能力

(イ)、東滿洲人絹パルプ株式會社（東滿洲人絹パルプ股份有限公司）

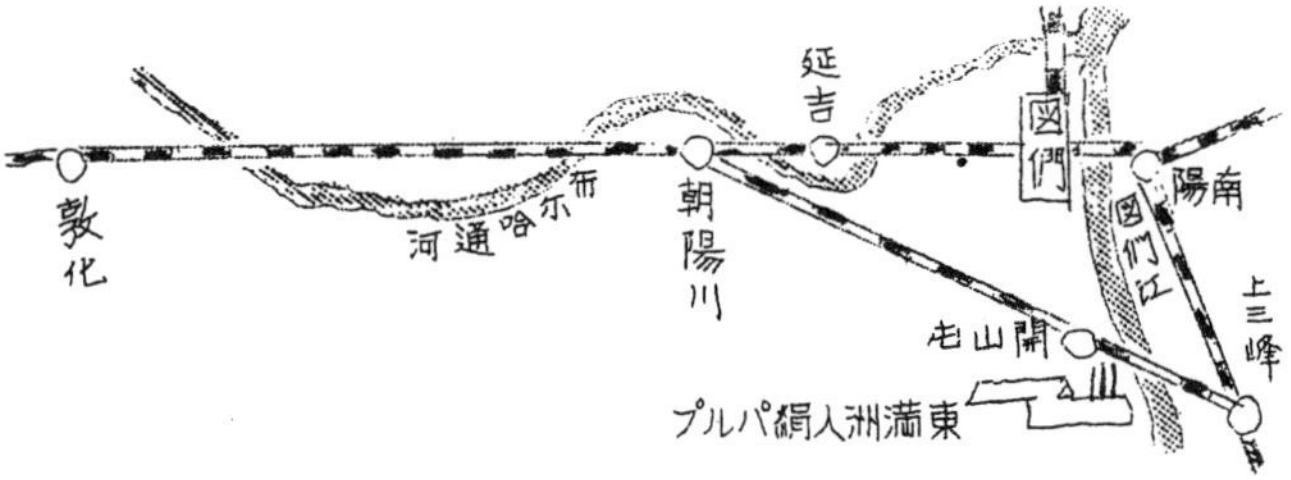

本社 東京市向島区隅田町二ノ一六一二

創立 昭和九年五月一日

資本系統 大川系ナリシモ鐘紡系ニ移ル

資本金 一、五〇〇万円ナリシモ鐘紡ノ手ニ帰シテ三、〇〇〇万円トナル（七五〇万円拂込）

工場 間島省和龍縣開山屯

敷地 三六万坪 建坪 六、〇〇〇坪

起工 昭和十一年五月

製造開始 昭和十三年（康徳五年）一月二十一日

計画 人絹パルプ年産 一五、〇〇〇瓲 但第一期計画 一〇、〇〇〇瓲（現在）

豫定林地 圖們江流域（間島、安圖、撫松、濛江各縣）

松花江流域(吉林)(明月溝、天橋里、龍井)
杉松立木蓄積量約一一五百万石
一ヶ年ノ使用高　一三〇、〇〇〇石

資材手当　延吉営林署及圖們営林署管内官行材

製　法　亜硫酸法
液体塩素使用量　概括(月)　一二—二〇瓲
同社所有液体塩素容器　五〇瓲入　一、一九一本
晒粉使用量　概括(月)　四〇—八〇瓲

機械設備　ダイゼスター　三基　(中一基ハ豫備)

(ロ)

東洋パルプ株式會社（東洋パルプ股份有限公司）

本社　滿洲國間島省汪清縣春華村石峴

創立　昭和九年五月二十七日

資本系統　日毛系

資本金　一、〇〇〇萬圓（1/2拂込）

工場　間島省汪清縣石峴

敷地　三〇万坪

製造開始　昭和十二年六月

人絹パルプ年産　一五、〇〇〇瓲　但シ第一期計画一〇、〇〇〇瓲（現在）

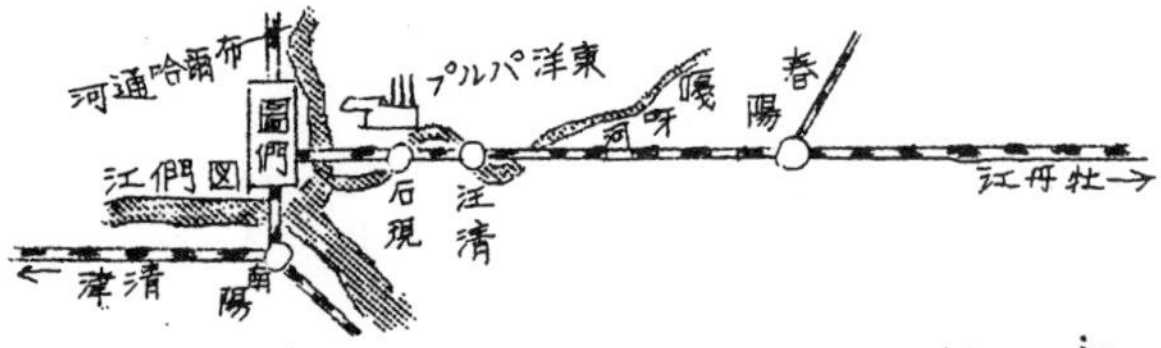

豫定林地　圖們江流域（間島旧北鉄東部沿線米分、圖寧線方面）

杉松立木蓄積量　九〇百万石

資材手當　圖們營林署官行斫及大汪清、小汪清方面

製　法　亜硫酸法
液体塩素使用量　概括(月)　二〇瓩―五〇瓩
晒粉使用量　〃　〃　五〇瓩―八〇瓩
同社所有液体塩素容器　五〇瓩入　一、一八八本
機械設備　ダイゼスター　二基

(八)　満洲パルプ工業株式會社(満洲パルプ工業股份有限公司)
本　社　満洲國牡丹江市樺林
支　店　東京市麹町区丸之内　八重州ビル
創　立　昭和九年五月二十七日
資本系統　寺田、三菱系ナリシモ、昭和十二年三月完全ニ三菱系トナル

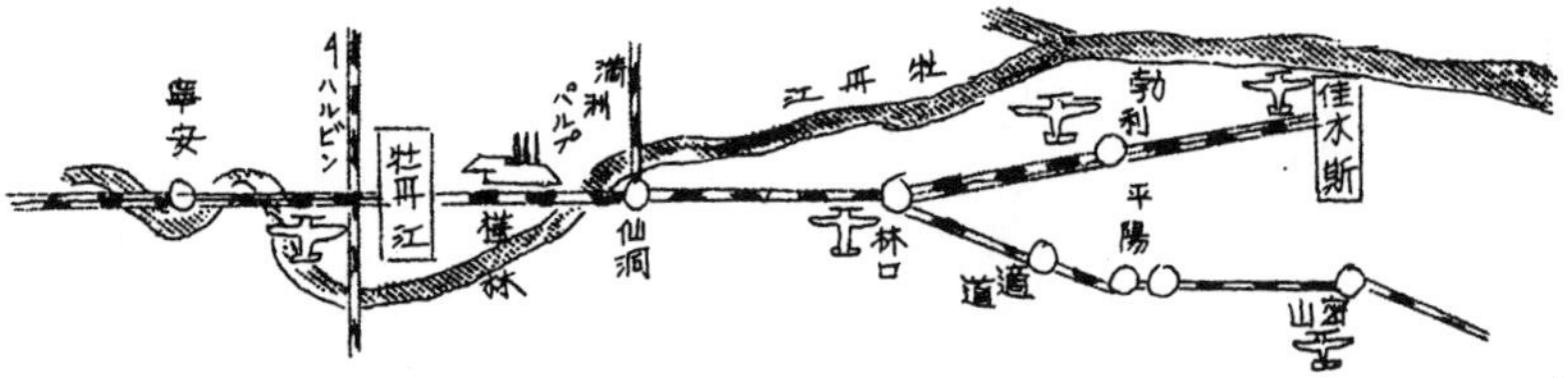

資本金　一、〇〇〇万圓（½拂込）

工場　濱江省寧安縣樺林　敷地四〇万坪

昭和十一年五月　工場建設ニ着手

昭和十三年七月　製造開始

計画　人絹パルプ　年産　八、〇〇〇瓲　但シ第一期計画一〇、〇〇〇瓲（現在）

製紙パルプ　〃　七、〇〇〇瓲

豫定林地　松花江流域（依蘭、方正、勃利、樺川、寧安、旧満鉄路以上）

杉松立木蓄積量約一〇〇百万石

二道河子、横道河子、仙洞、大海林

資材手當　牡丹江、穆稜、勃利営林署出材ノ官行材及海林公司材

製法　亜硫酸法

年産一〇、〇〇〇瓲　（一ヶ月ノ使用量）　年産一五、〇〇〇瓲　（一ヶ月ノ使用量）

晒粉　四九五、〇〇〇瓩（四一、二五〇瓩）　七四三、〇〇〇瓩（六二、〇〇〇瓩）
塩素　一九八、〃〇〇〇（一六、五〇〇瓩）　二九七、〃〇〇〇（二五、〇〇〇瓩）
苛性　一九八、〃〇〇〇（一六、五〇〇瓩）　二九七、〃〇〇〇（二五、〇〇〇瓩）
同社所有容器　五〇瓩入　九九〇本
機械設備　ダイゼスター（十五瓩釜）　二基

（二）日滿パルプ株式會社（日滿パルプ股份有限公司）

本　社　滿洲國新京　特別市豊樂路
創　立　昭和九年五月二十七日
資本系統　王子系
資本金　一、〇〇〇萬圓（1/2払込）

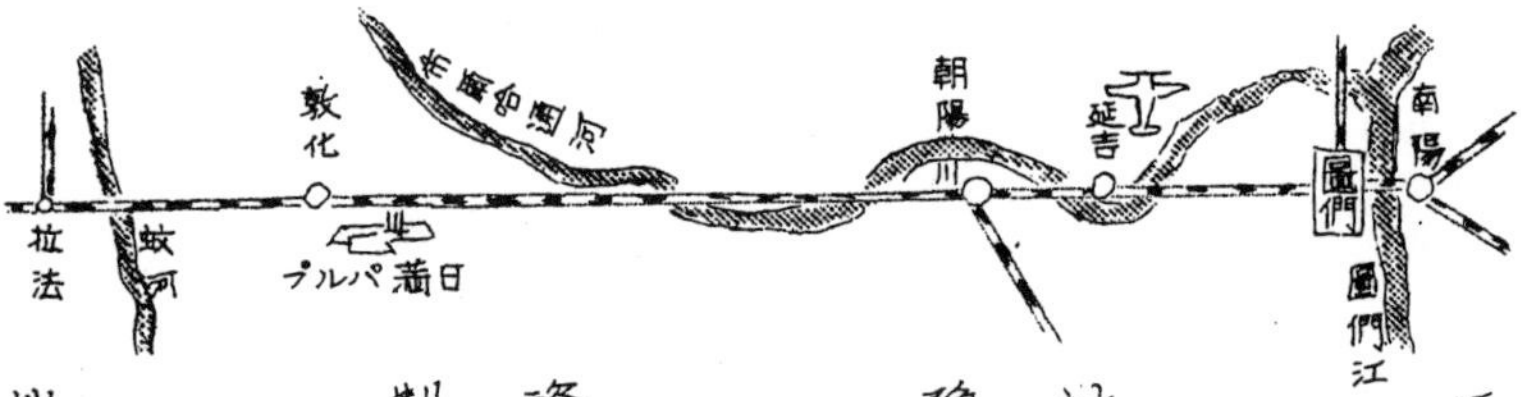

工　場　敦化縣城南門外牡丹江左岸　敷地四五万坪

起工　昭和十二年早春

製造開始　昭和十三年七月

計　劃　人絹パルプ年産一五、〇〇〇瓲但シ第一期計画一〇、〇〇〇瓲（現在）

豫定林地　牡丹江流域

大同林業區域（額穆・樺甸）杉松立木蓄積量一六七百万石

黄泥河、黄松甸、大石頭

資材手當　京圖沿線出材ノ満洲林業會社

製　法　亜硫酸法

液体塩素使用量　概括（月）　五〇瓲

同社所有容器　一〇〇瓲入　九〇〇本

機械設備　ダイゼスター　二基

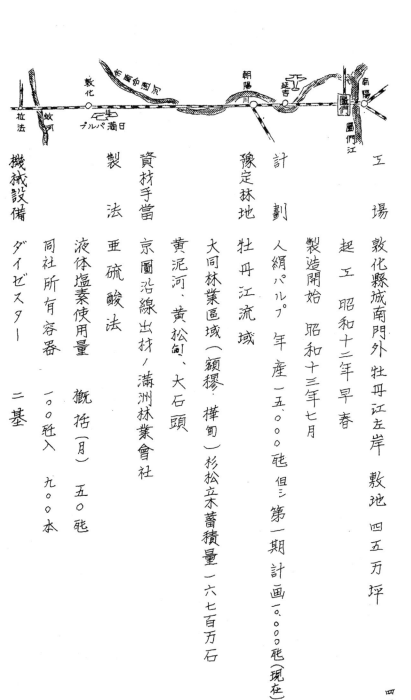

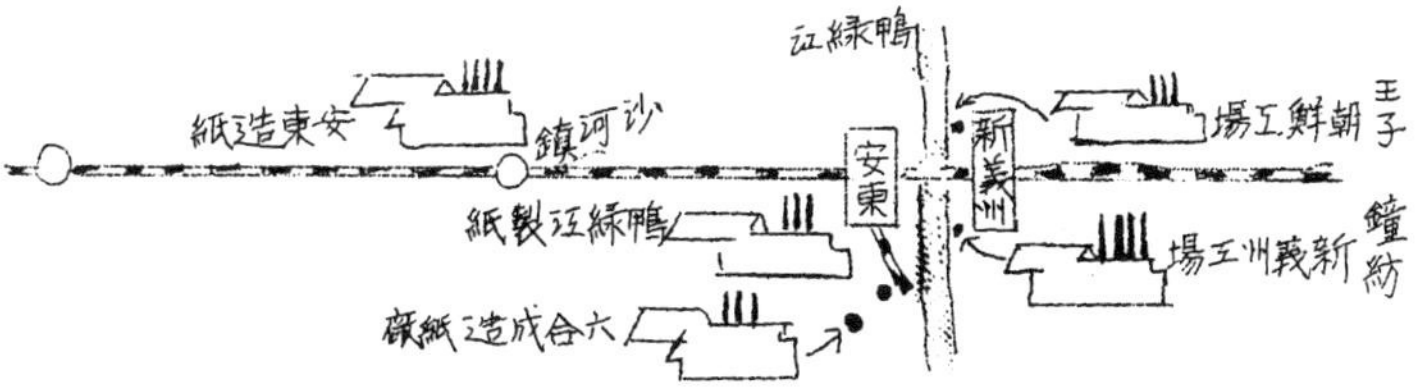

(ホ) 鴨緑江製紙株式會社

本社　満洲國安東縣安東市外六道溝

創立　大正八年五月。大正十年パルプ操業開始、同十一年八月一時休業、昭和二年一月製紙事業開始(主トシテ支那向ノ紙)、昭和七年八月再ビ「パルプ」製造開始。

資本系　王子系

資本金　五〇〇万円(拂込四〇〇万円)

工場　満洲國安東縣安東市外六道溝

敷地　一〇万坪

製造開始　大正八年四月

工場能力　年産　サルファイトパルプ　一五、〇〇〇瓲(大部分自社製紙用)

〃　グランド　〃　二、五〇〇瓲(自社製紙用)

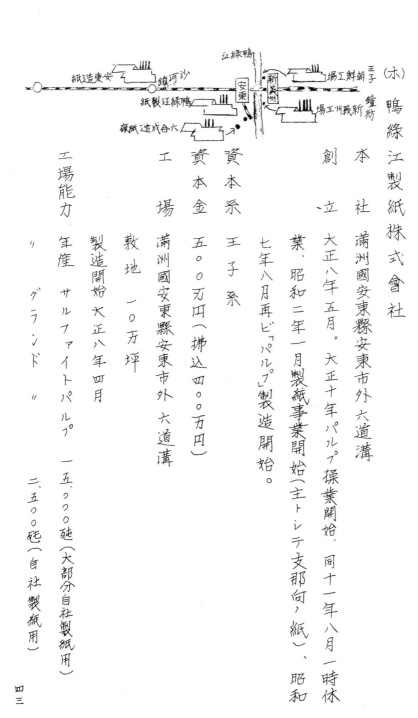

年産　紙　一三、〇〇〇瓲

昭和十二年度製産高

年産　サルファイトパルプ　一二、六一八瓲

〃　グランド〃　二、三九三瓲

紙類種目ハ、支那紙、毛辺紙、塵紙、宣紙、焼紙、其他洋紙（有光紙、ロール紙、包紙、其他）

資材手当　鴨緑江産材、安奉沿線材、朝鮮材、樺太材、

昭和十二年度使用石数高

樺太材　二六、〇〇〇石

朝鮮材　五五、五一八石

満洲國材　一三五、五六〇石

薬品使用量　液体塩素使用量　概括（月）　五〇〇瓩

晒粉使用量 概括（月） 九〇瓲

機械設備（主要）

サルファイトパルプ用ダイゼスター 一〇瓲罐 三基（一晝夜平均能力四五瓲）

砕木パルプ用グラインダー（ポケット式） 一台（一晝夜平均能力七瓲）

パルプマシン 一二〇吋 長網式 一台

抄紙機（五台）一一〇吋長網式ヤンキーマシン 一台

一〇〇吋 シリンダーマシン 一台

六五吋〃 二台

五三吋〃 一台

大要以上ノ如ク、コノ會社ハ王子經營ニ移ッテカラ順調ナル發展過程ヲ辿ッテ居ルガ、タヾ遺憾ナ点ハ原木難ニ悩ンデ居ル事デアル

滿洲國デハ鴨綠江上流ノ減材主義ヲ取ッタノデ安東材ニ不足ヲ来タシタノデ此ノ會社デハ外材、北洋材、朝鮮材ヲ買入レテ不足分ヲ補ッテ居タガ、次第ニ此ノ方面ノ輸入材モ無

クナリ、尚亦満洲材ノ消化旺盛、材價暴騰等ニ影響ヲ受ケテ依然トシテ買入レ困難ノ模様デアル。殊ニ鮮材輸入禁止ハ格別ノ影響ヲ與ヘ、更ニ鴨緑江発電ダムノ完成デ上流材ノ減伐等モ考ヘラレル。然レナガラ「パルプ」増産ハ目下ノ急要性ナレバ、満洲國トシテモ資材供給ノ点ニ就テハ當然考慮サルベキモノデ、運賃改正ニ依ル北満材ノ進出モ必然的ニ登場スルコトヽ思意セラル

(ヘ) 康德葦パルプ株式會社(康德葦業股份有限公司)

本　社　神戸市林田区御崎町

創　立　昭和十一年

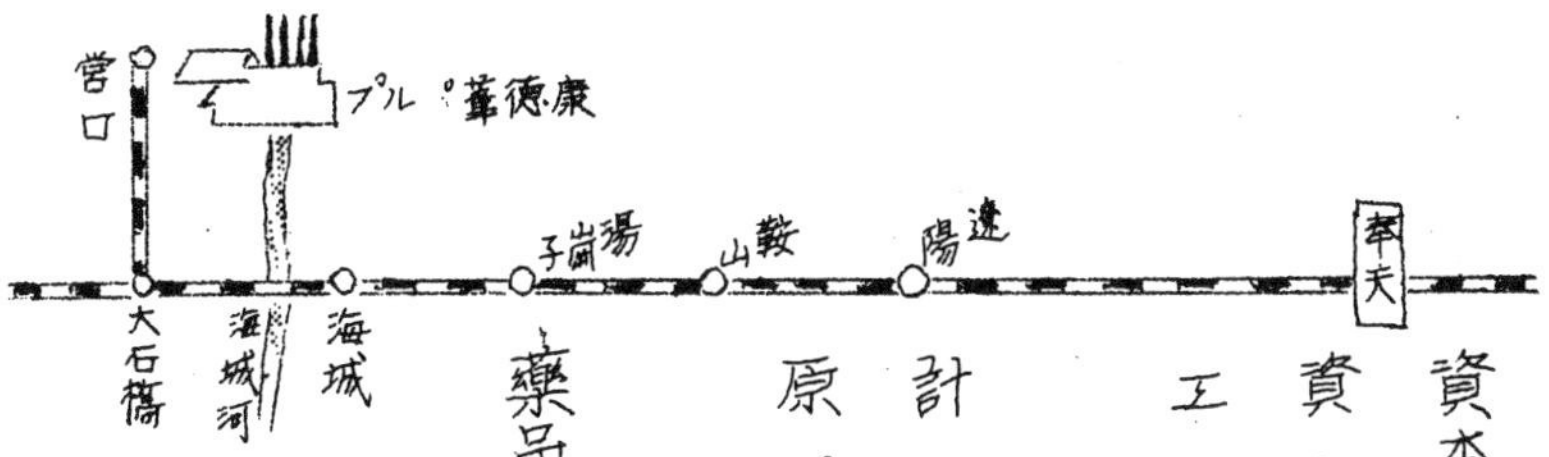

資本系統　鐘紡系

資本金　五〇〇万円（½払込）

工　場　奉天省営口縣営口市三家子

敷地　十五万坪

計　画　日産人絹パルプ二十瓲（近ク拡張五十瓲増産ノ筈）

原料地　営口、海城、蓋山、錦縣等ノ葦

尚、松花江、北支方面ニモ計画ノ由

藥品使用量　液体塩素使用量　概括（月）　三〇瓲

晒粉使用量　〃　〃　五〇瓲

同社所有塩素容器　五〇瓩入　五〇〇本

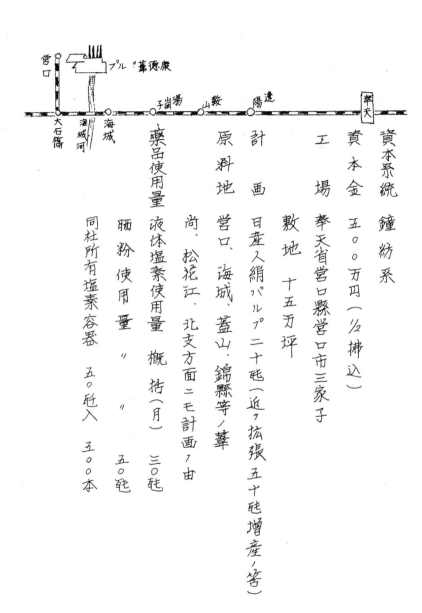

(五) パルプ工業ノ計劃

(イ) 小興安嶺パルプ株式會社（假称）

半官半民デ「パルプ」増産計画

△興安嶺近ク新設ト決定

満洲國デハ産業五ヶ年計劃ニ依ル「パルプ」二十三万瓲ノ増産計劃ヲ立案中デアッタガ、此程、大小興安嶺ニ政府ト民間ノ折半出資デ

社名	所在地	資本金	パルプ計画豫定能力
鐘紡	佳木斯	三千万円	六万瓲
王子製紙	黒河	六千万円	十二万瓲
製紙人繊両聯合会	牙克石	三千万円	五万瓲
計		一億二千万円	二十三万瓲

三特殊会社ヲ新設スルコトニ決定シタ。右、大小興安嶺ニ「パルプ」工場ガ新設サレタラ、

コレト併行シテ満洲國ノ森林行政モ軌道ニ乘ルモノト期待サレテ居ル。所モコノ三工場ハ、王子、鐘紡、絹聯ノ三社ニ依テ各々單獨ノ技術ヲ以テ經營セシメルコトニ内定シタト傳ヘル向モアルガ、此ノ方法ハ形式トシテハ成程立派ダガ実際問題トシテハ到底実現出来マイトイフノデ再修正ノ必要アリトサレテ居ル

(ロ)満洲豆稈パルプ股份有限公司

創立　昭和十二年九月

所在　安奉線開原

資本金　壱千万円(½拂込)

出資内訳　日満纖維工業七割、満洲政府一割、満鉄一割、満洲興業銀行一割、

原料　満洲産大豆稈

操業　昭和十四年春ノ見込ミナレド未ダ操業ニ至ラズ

年産　パルプ一万五千瓩ノ見込

（イ）、人絹パルプ一瓲ニ要スル薬品ノ使用量（昭和十四年四月豫想推定）

パルプ一瓲ニ対シ	
石炭	二、〇〇瓲
石灰石	一七六〃
硫黄	一〇一〃
塩素	一一〃
晒粉	六〇〃
塩酸	四〃

尚、五月―八月頃濁水期ノ為コレガ清透剤トシテ
硫酸バンド一日ニ付　約　二、〇〇〇瓲
ソーダ灰〃　五〇〇瓲
位ヲ要スルモノト思ハル

(ロ)パルプ生産經費ノ内、滿、比較表（昭和十四年四月推定）

種目	樺太側	滿洲國側	摘要
原木代	五一%	七四%	
藥品代	一〇%	一二〃	
人件費	九〃	一九〃	
消耗品	三〃	五〃	
電灯代	一〃	二〃	
石炭代	九〃	一五〃	
修繕費	四〃	一三〃	
荷造運搬費	五〃	一〇〃	
優待費	一〃	三〃	官吏、税関吏等ノ接待費
利息	四〃	五〃	
其他	三〃	七〃	
	一〇〇%	一六五%	

(八) パルプ生産原價百分率（豫想推定）

費目	壱万瓲生産 生産費	壱万瓲生産 %	一万五千瓲生産 生産費	一万五千瓲生産 %	一万八千瓲生産 生産費	一万八千瓲生産 %
原木費	一、四三一円〇〇	四〇.五六	二、一四六円五〇	四五.一〇	二、五七五円八〇	
石炭費	二〇〇.〇〇	五.六七	三〇〇.〇〇	六.三〇	三六〇.〇〇	六.五六
藥品費	二八九.四〇	八.二〇	四三四.一〇	九.一二	五二〇.〇〇	九.四九
製品運賃諸掛	三八〇.〇〇	一〇.七七	五七〇.〇〇	一一.九八	六八四.〇〇	一二.四六
製造材料及消耗品費	一〇〇.〇〇	二.八三	一一〇.〇〇	二.三一	一二〇.〇〇	二.一九
修繕費	五五.〇〇	一.五六	六三.〇〇	一.三二	六六.〇〇	一.二〇
工場諸給與費	二九五.〇〇	八.三六	三四〇.〇〇	七.一四	三五四.〇〇	六.四五
營業費	二六八.〇〇	七.六〇	二六八.〇〇	五.六三	二六八.〇〇	四.八八
利息	二一〇.〇〇	五.九五	二二八.〇〇	四.七九	二四〇.〇〇	四.三七
固定資產償却費	三〇〇.〇〇	八.五〇	三〇〇.〇〇	六.三一	三〇〇.〇〇	五.四七
合計	三、五二八.四〇	一〇〇.〇〇	四、七五九.六〇	一〇〇.〇〇	五、四八八.八〇	一〇〇.〇〇
瓲當單價	三五二圓八四錢		三一七圓三一錢		三〇四圓九三	
封度当單價	一五錢七五		一四錢一七		一三錢六一	

(二)満洲ニ於ケル電解曹達工業ト其ノ計劃

製塩事業ノ確立ニ伴ヒ満洲曹達公司ガ特殊會社トシテ資本金八百万円半額拂込デ昭和十一年五月新京ニ設立サレ工場ハ大連甘井子ニ同十二年八月竣工、現在日産百瓲デ、目下二百瓲、年産七万瓲ノ増産計画中デアル

原料塩ハ満洲國関東洲塩ノ他、錦州附近ニ自家塩田一千二百町歩ヲ持ッテ居ル

此ノ外撫順ニ在ル満洲軽金属株式会社ニ於テモ電解苛性曹達工場（一、二〇〇瓲）ヲ建設中デ、尚ホ安東ニモ更ニ大ナル計画アル由ナリ

奉天ノ大和染料分工場デモ同様、電解苛性曹達工場ヲ設立シ、操業中ナリ

マタ最近開原ニ於ケル大豆稈パルプ会社モ自家用苛性曹達及塩素ノ必要ニ依リ年五、〇〇〇瓲ノ電解工場ヲ建設ノ豫定デアルト

(註)　満洲曹達増産計画ノコト

右ノ増産計画ハ既定ノ事実ニテ第一期百瓲、第二期二百瓲、第三期四百瓲、最短期間

内ニ、四百瓩迄増産ノ計画、既ニ日産二百瓩ノ由ニテ一方更ニ第三期計画タル倍額増産ノ為、鋭意準備中ノ由ナルモ是亦遠カラズ完成ノ見込

現在國内ニ於ケル該品ノ需要ハ既ニ自給自足ノ域ニ達シ居ル故愈々今後ハ供給餘力ヲ以テ既定方針通リ、内地、北支方面向ケニ積極的進出ノ計劃ニアリ目下着々準備ヲ進メ居ル由。更ニ苛性工場ノ新設モ既定ノ事実トシテ傳ヘラレ、工場ハ奉天、開原、圖們、ノ三ヶ所ニ決定セル由、既ニ関東廳ニ対シ認可申請中ノ由ニテ右ニ対シ未ダ正式認可ハ見ザル由ナルモ開原工場ハ目下着々工事中ノ由。奉天、圖們両工場ハ材料手當未満ノ由ニテ此ノ方ハ開原工場ヨリ事変下ノ昨今相當竣工ハ遅延スルモノト思ハル。

原料塩ハ近海塩ヲ交渉中ノ由ニテ其ノ数量ハ大連甘井子工場割当ト同数量ノ由故、年間十三万瓩見当ト思ハル。

尚塩田ノ開発モ頻々ニ行ハレ居ル故、竣成ノ暁ハ當然使用サルベキモノト思ハルモ差當リハ近海塩ノ供給ヲ受ケルモノヽ如クデアル

一説ニ依レバ塩田ヨリ輸送管ニ依リ直接塩水ヲ引ク様ナ計劃モアル風ナルモ目下ノ處不明

各工場ノ生産豫定トシテ的確ナル事判明致サザルモ大躰左記ノ如クニ思ハル

(イ) 奉天工場
- 苛性 二、〇〇〇瓲
- 晒粉 二、一〇〇瓲
- 其ノ他、塩素、塩酸若干

(ロ) 開原工場
- 苛性 4/2、〇〇〇瓲
- 晒粉 一、〇〇〇瓲
- 其他、塩素、塩酸若干

(ハ) 圖們工場
- 苛性 二、六〇〇瓲
- 晒粉 三、〇〇〇瓲
- 其他、塩素、塩酸若干

開原工場ノ製品ハ同地巨稈工場（パルプ）ニ、又圖們工場製品ハ東満方面ノパルプ工場ノ需要ニ夫々當テラルヽ由ニテ該品両工場製品トシテハ殆ド市販餘力ナク、奉天工場製品ヲ以テ國内ノ一般販売用ニ振當テラルヽ豫定ノ由

尚右工場ノ建設資金ハ未拂込四百万円ヲ徴收シ是レヲ以テ新設工場ニ充當スルトノ由

(ホ) 通関手續

(關税法ニ於テハ証券モ貨物ノ一種ナルモ爲替管理法ハ証券ヲ貨物ヨリ除キ別ニ証券ノ項ヲ設ケ)

爲替管理上貨物ノ輸出ヲ次ノ如クニツニ別ツコトガ出來ル

(一) 貨物ノ有爲替輸出(許可ヲ要セズ)

(二) 貨物ノ無爲替輸出(原則トシテ許可ヲ要ス)

輸出ノ爲ニハ爲替管理ハ極メテ自由寛大デハアルが、輸出ノ自由モ輸出貨物ノ代金が本邦ニ還流スルコトヲ前提トシテデアル、還流がナケレバ無意義デアル。帰ッテ來ナケレバ商品形態ニヨル資本ノ逃避ニ外ナラナイ。カヽル資本逃避ノ惧レアル輸出ヲ取締ル必要アリトシ無爲替輸出　取締規定が設ケラレテ居ルノデアル(第十三條第十四條)

註。輸出ノ意義。　爲替管理法ニ於テハ、輸出トハ通常ノ輸出ノ他ニ「外國貨物ヲ陸揚シ輸入(手續未済ノマヽ、上屋、保税倉庫、保税工場等ノ保税地域内ニ藏置シタモノヲ、再ビソレ等保税地域ヨリ積戻ス場合モ輸出ト見做スコトニシテ居ル。尤モ假陸揚、誤ッテナセル陸揚、或ハ中継ノ為ノ陸揚貨物ノ積戻ハ輸出トハナラナイ」

有為替輸出

貨物ヲ輸出シ、其ノ輸出申告（或ハ積戻申告）後又ハ郵便差出後二週間以内ニ外國為替ヲ取組ム輸出ヲ有為替輸出ト称シ、報告ノ必要ハアルガ輸出ノ許可ヲ有シナイ。コヽニ為替取組ミトイフノハ「為替ヲ銀行ニ賣却シ、其ノ對價トシテ本邦内ニ於テ邦貨ヲ取得スルコト」ヲ謂フノデアル

無為替輸出

輸出申告（又ハ積戻申告）或ハ郵便差出後二週間以内ニ為替ヲ取組マナイ貨物ノ輸出換言スレバ二週間以内ニ手形ヲ銀行ニ賣却シナイモノ、從ッテ二週間以内ニ本邦内ニ於

テ代金タル邦貨ヲ受領シナイ輸出ヲ無爲替輸出ト言フノデアル
單ニ取立手形ヲ作成シ取立ヲ銀行ニ依頼スルモノ、船積書類ヲ提供シテモ代金ヲ受領シナイモノモ等シク無爲替輸出デアル

無爲替輸出ハ、價格ノ一部タルト全部タルトヲ問ハズ無爲替ノ部分ハ（左記ノ特別ナ場合ヲ除イテ）許可ヲ要スル。此ノ場合ノ價格ハ外國居住者ニ対スル賣値ヲ指シ、モシ契約價格ガ確定シテ居レバ通常「インボイス」價格ハ之ニ一致スルカラ、コレヲ貨物ノ價格トシテモ良イガ、モシ運賃、保險料等ノ立替ヲ加算スルトキハ（之ガ結局荷受人ノ負擔額トナルカラ）コノ金額ヲ貨物ノ價格トスル。賣値不確定ノ時ハ仕向地ノ見込賣値ヲ價格トスル

無爲替輸出ノ自由範圍

無爲替輸出ハ許可事項デアルガ左ノ場合ハ許可ヲ要シナイコトニナッテ居ル

◎一、関東州及満鉄附属地ヘノ輸出

二、見本又ハ寄贈ノ為ノ輸出

三、委托販売ノ為ノ輸出或ハ輸入委托販売品ノ転送トカ返送ノ為ノ輸出

◎四、貨物輸出前、本邦内ニ於テ其ノ代金ヲ外国ヨリ受領済ナル貨物ノ輸出。又ハ本邦内ニ於テ外国ヨリ代金受領済ナル貨物ト取換ノタメノ輸出

◎五、貨物輸出後二ヶ月内ニ本邦ニ於テ其ノ代金ヲ確実ニ受領スル契約アル時

六、本邦ヨリノ貨物ノ輸出又ハ本邦ヘノ貨物輸入ノタメノ必要ナル販売口銭損害、賠償金ソノ他ノ費用ノ支拂ニ充ツルタメ輸出スルトキ

七、検収後代金確定スベキ性質ノ貨物ヲ輸出スルトキ

八、郵便ニ依テ千円以下ノモノ、又ハ鉄道ニ依リ代金引換ノ取扱ノ下ニ輸出スル時。

九、代金取立手形ニ依リ代金ヲ取立テ直チニ之ヲ本邦ニ回金スル契約ノ下ニ一ヶ月ヲ通ジ價格ニ万円以下ノ物ヲ輸出スルトキ

十、官廳ノ必要ニ基キテ輸出スルトキ
十一、價格百円以下ノ物ノ輸出
十二、商習慣ニ依リ外国爲替ヲ取組マザルトキ
十三、手荷物、引越荷物又ハ船用品ヲ輸出スルトキ

以上。

無爲替輸出報告書裏面ノ改正要項

昭和十三年十二月十五日

財務局長

本年六月三十日附理乙第四六四号通牒ニ基ク命令第十三條ノ二乃至十三條ノ四ノ規定ニ依ル全部無爲替輸出報告書及一部有爲替輸出報告書裏面ノ外国ヨリノ回收豫定表ヲ外国ヨリノ代金回收表トシ、別添雛形ノ如ク変更シタルニ付其ノ記載方ハ昭和十四年一月ヨリ左記ニ依リ実行相成リ度シ

一、全部無爲替輸出報告書及一部有爲替輸出報告書ノ裏面ニ別添雛形ノ如キ外国ヨリノ

代金回收表ヲ印刷（ゴム印押捺又ハ手書スルモ可）セシメ左ノ通リ記載セシムル事、

(イ)、買付資金ヨリ充当ノ欄又ハ輸出前受領ノ欄ニハ買付資金又ハ代金ノ受領時期毎ニ金額ヲ、方法ノ欄ニハ其ノ受領方法ヲ、決済地ノ欄ニハ本邦トノ間ノ直接ノ決済地（仕向為替ノ支払地、被仕向為替ノ仕出地等）ヲ、受領金額ノ欄ニハ当該買付資金又ハ代金ノ金額ヲ、支払済額ノ欄ニハ受領金額中ヨリ既ニ輸出貨物代金ソノ他ノ支払ニ充タル金額ヲ、残高ノ欄ニハ買付資金又ハ代金ノ差引残高ヲ記載セシムル事、

(ロ)、輸出後、受領ノ欄ニハ従前ノ通リ記載セシムルコト

(ハ)、備考ノ欄ニハ代金ノ回収ニ関シ其ノ他参考トナルベキ事項ヲ記載セシムルコト

(ニ)、形式上ノ輸出者ト実質上ノ輸出者ト異ル場合ニハ実質上ノ輸出者ノ外国ヨリノ代金回収ニ関シ右(イ)、(ロ)、(ハ)ニ準ジ記載セシムルコト

二、買付資金ヨリ充当ノ欄及輸出前受領ノ記載ニ関シテハ送金経由銀行ノ証明ヲ要セザルコト

三、輸出後代金ヲ受領スベキモノニシテ買付資金ヨリ充當ノ欄又ハ輸出前受領ノ欄ノ記載ノ要ナキモノニ付イテハ従前ノ様式ニ依リ記載セシムルモ可ナル事

外國ヨリノ代金回收表（輸出　年　月）

區分	年月	金額	方法	決済地	受領金額	支拂済額	殘額
買付資金ヨリ充當							
輸出前受領					備考		
輸出後受領							
合計							

朝鮮ニ於ケル無爲替報告書提出先ノ特殊事情

朝鮮ト滿洲國又ハ邦貨ノ強制通力ヲ有スル地域トノ間ノ貨物ノ輸出入ニ関スル取引又ハ行爲ニ関スル外国爲替管理法ニ基ク命令

昭和十三年八月一日

府令第一五二号

第六條　昭和八年總督府令第四十條第十三号ノ二乃至第十三條ノ四及第十四條第二項並ニ昭和十二年朝鮮總督府令ノ第二号第十條及第十條ノ二ノ規定ニ依ル報告書ニシテ朝鮮ト滿洲国又ハ邦貨ノ強制通用力ヲ有スル地域トノ間ノ貨物ノ輸出入ニ関スルモノハ各同條ノ規定ニ不拘輸出地又ハ輸入地所管税関地ニ提出スベシ

附記

(一)　新義州税関長　池　請　殿

羅津〃　乾　明　殿

（開山屯、南陽、税関ハ羅津税関ノ管轄ニ属スル）

二、東満、東洋、日満、満洲（申請中）ノ各パルプ工場ハ保税工場ナリ。従ッテ製品ノ搬出ハ保税運送ニ依ルコトニナル

註　保税運送

保税運送トハ輸入認許ヲ受ケナイ貨物又ハ輸出認許ヲ受ケタ貨物ヲ保税区域相互間ニ運送スルコトヲ謂フノデアリ、保税運送貨物ガ着駅ニ到着スルト鉄道ハ其ノ旨通知ヲナシ、所定ノ引取期間内ニ鉄道トノ間ニ引取ヲ済マシタ後、通関手続ヲサレ、輸入又ハ輸出認許ヲ受ケテ之レガ搬出ヲ為スコトガ出来ルノデアリ、尤モ配達付貨物ノ通関手続ハ鉄道ニ於テ之ガ代弁ヲナス

保税運送ヲ行フ区間ハ税関所在駅又ハ保税運送取扱駅相互間デアルガ当分ノ間コレガ運送ヲナス貨物ハ満洲国ニ輸入サレルモノ（保税区域ニ接続スル専用側線ニ発着スル貨物ニ在リテハ輸出、輸入共）ニ限ル

三、満洲國輸入税率

品名	税率	
晒粉	每百瓩	一、一〇
塩素	従價	一二、五%
苛性曹達		
(甲)粗製ノモノ	每百瓩	一、七〇
(乙)其ノ他ノモノ	従價	一五、〇%
塩酸		
(甲)容器共ノ重量一瓩ヲ超エザルモノ	従價	一二、五%
(乙)其ノ他ノモノ	每百瓩	一、三〇

(ヘ) 各社別液塩容器所属一覧表 (昭和十四年四月調査)

社名	記号	容量 kg	所有本数 本	税関申請容量 kg	所属別	備考
北鮮製紙	北化	100kg	500本	58kg	内国貨物	
	F.A.C	〃	200〃	83〃	〃	
			700本			
東満パルプ	F.F.C	50kg	400〃	43〃	〃	
	K.B	〃	400〃	47〃	〃	
		〃	391〃			積送中ニ付詳細不明
			1,191本			
東洋パルプ	TP	50〃	1,188〃	47〃	〃	
日満パルプ	W.A	100〃	900〃	83〃	〃	
満洲パルプ	a	50〃	990〃	47〃	〃	
鐘紡新義州	ⓦa	50〃	495〃	47〃	〃	左記ノ外1,000本目下購入中
其他						
日本窒素	チナマ	50〃	100〃	40〃	〃	
	〃	〃	1,500〃	〃	〃	新規送荷分
			1,600本			
晒粉販売	(晒)	50〃	600〃	40〃	〃	
			7,664本			

（ト）各社液塩使用ト容器ノ對照（昭和十四年四月調査）

社名	使用豫定	現在使用量	空瓶所有量	現在廻転中	往復所要日数
北鮮製紙	90屯～130屯	105屯	700本	1,000本	5日 {往 2日 復 3日
東満パルプ	12″～25″	12″	1,191″	595″	16″ {往 5″ 復 11″
日満パルプ	45″～60″	48″	900″	451″	24″ {往 12″ 復 12″
東洋パルプ	12″～25″	10″	1,188″	122″	16″ {往 5″ 復 11″
満洲パルプ	12″～25″	(10″)	990″	495″	30″ {往 15″ 復 15″
鐘紡新義州	10″～25″	15″	495″	247″	18″ {往 7″ 復 11″
	181″～290	(10屯) 190屯	5,464本	2,910本	
其ノ他					
晒粉販売			600本	600本	
日本窒素			1,600本	757本	
			2,200本	1,357本	
計	181屯～290屯	(10屯) 190屯	7,664本	4,267本	

(チ) 各社別液塩容器廻転状態調査表 (昭和十四年四月調査)

充填瓶　常備ストック　15日分

往復日数 × 使用本数

空瓶帰途ニ要スル日数 × 使用本数

北鮮	常備ストック 15日 × 42.5本 = 638本 往復所要本数 5日 × 42.5″ = 213″ 空瓶ストック 3″ × 42.5″ = 128″ 979″ —— 1,000本
東満	常備ストック 15日 × 7.5″ = 113″ 往復所要本数 16″ × 7.5″ = 120″ 空瓶ストック 11″ × 7.5″ = 83″ 316″ —— 350本
日満	常備ストック 15″ × 17.5″ = 263″ 往復所要本数 24″ × 17.5″ = 420″ 空瓶ストック 12″ × 17.5″ = 210″ 893″ —— 900本
東洋	常備ストック 15″ × 17.5″ = 225″ 往復所要本数 16″ × 15″ = 240″ 空瓶ストック 11″ × 15″ = 165″ 630″ —— 650本
満洲	常備ストック 15″ × 7.5″ = 113″ 往復所要本数 30″ × 7.5″ = 225″ 空瓶ストック 15″ × 7.5″ = 113″ 451″ —— 500本
鐘新	常備ストック 15″ × 7.5″ = 113″ 往復所要本数 17″ × 7.5″ = 128″ 空瓶ストック 11″ × 7.5″ = 83″ 424″ —— 450本

(リ) 製紙會社ノ變遷史

大正八年五月、鴨緑江製紙会社創立（安東）大倉系ノ資本ニヨリ鴨緑材ヲ用ヒテパルプレ製造ヲ目的トセルモ財界ノ不況、安價ナル輸入パルプノ壓迫等ニ依リ、工場休転四ケ年、大正十五年目的ヲ変更、支那紙代用品ノ抄造ニヨリ操業セルモ、打続ク政治的突發事件ノタメ販路上ニ影響ヲ受ケ、苦難ヲ重ネツ、満洲事変ヲ迎ヘ、昭和十年王子製紙会社ノ委托経営トナリ今日ニ及ブ

大正十二年、六合成造紙廠創立（安東）鴨緑江ノ葦ヲ原料トシ焼紙製造ヲ目的トスル支那人個人経営ナリシモ後、張学良ノ経営ニ移リ、工場ヲ増設シ、註文ヲ英國ニ發セルマヽ満洲事変ノ勃發ニ際会シ、事変後、満洲中央銀行ノ監督並ニ王子製紙ノ援助ノ下ニ、工場拡張、昭和十年、王子證券株式会社

トナリ、六合成造紙廠ト改称、今日ニ及ブ。洋紙及支那紙。
昭和十一年八月、安東造紙股份有限公司ノ創立。麻屑（鮮人古衣）ヲ原料トシ、煙
草用紙製造。王子系

(又) 北鮮三港ニ就テ

概況

北鮮ニハ、雄基、清津ノ既成港ト新ニ築港ノ羅津港ノ三港アリ。昭和八年九月京圖線ノ開通、北鮮鉄道トノ連絡、東満、北満ニ於ケル新線ノ開通等ニヨリ之レ等三港ハ裏日本諸港トノ日満最捷路トシテ開拓サレ、満洲五箇年計画遂行ニ基ク輸入貨物ノ増大

今後ノ北鮮三港ヲ中心トスル海運界ハ活況ヲ呈スルモノト思ハル

(一) 日本各港トノ距離

出先港＼行先港	敦賀	伏木	舞鶴	新潟	大阪	名古屋	横浜	青森
羅津、雄基	八八七	八八九	九〇一	九八八	一、三九九	一、七一九	二、〇二二	八九五
清津	八七四	八九六	八六〇	九〇七	一、三四七	一、六八五	二、〇三〇	九一五
大連	一、六四九	一、九〇〇	一、六〇四	一、九六一	一、六二三	一、九三九	二、二四二	一、九六七

(二) 北鮮三港主要航路

定期航路名	寄港地	使用船数	経営社
雄基―東京線	雄基、羅津、清津、城津、元山、釜山、関門、神戸、大阪、名古屋、清水、横浜、東京、	四	朝鮮郵船

雄基―大阪線	雄基、羅津、清津、元山、釜山、関門、神戸、大阪	四	朝鮮郵船
浦塩―大阪線	浦塩、雄基、羅津、清津、城津、元山、釜山、関門、神、阪	一	〃
北鮮―新潟線	雄基、羅津、清津、新潟、	一	〃
朝鮮―上海線	雄基、羅津、清津、釜山、上海、青島、仁川	一	〃
清津―敦賀線	雄基、羅津、清津、城津、元山、敦賀、宮津線	一	〃
北鮮―敦賀線	雄基、羅津、清津、敦賀、	二	北日本汽船
北鮮―新潟線	雄基、羅津、清津、新潟、	一	日本海汽船
北鮮―樺太線	雄基、羅津、清津、城津、敦賀、新潟、小樽、		
	大泊、其他樺太諸港、	二	北日本汽船
北鮮―新潟線	雄基、羅津、清津、新潟	二	島谷汽船
大阪―清津線	雄基、羅津、清津、門司、神戸、大阪	三	大阪商船
台湾―北鮮線	雄基、清津、城津、博多、長崎、鹿児島、基隆、高雄	一	〃

(ル) 鮮内晒粉ノ販賣値段ノコト

鮮内向晒粉建値ハ内地建値ノ情勢ニ対應シ、鮮内ノ事情及内地ヨリノ輸送便及運賃等ヲ斟酌シ、現在左記ノ通リ販賣値段ヲ樹立実施中ナリ

晒　粉（木箱入）

販賣價格第四号　　昭和十四年五月五日実施

値段表

釜山沖	四、九〇	京城レール	五、四〇
麗水沖	五、一〇	京城庫	五、七〇
浦項沖	五、一〇	平壌レール	五、八〇
木浦沖	五、一〇	平壌庫	六、一〇
群山沖	五、二〇	元山沖	五、二〇

仁川沖	五、二〇	清津沖	五、四〇
工場置場渡	五、二〇	龍岩浦沖	六、〇〇

其ノ他ノ條件ハ従前通リトス

(ヲ) 各港間浬数及航海所要時間ノコト

左記

各港間地名	浬数	航海所要時間
興南――門司	三九六浬	四十四時間（一時間九浬速力トシテ）
門司――神戸	二四二〃	二十七〃
門司――大阪	二四九〃	二十八〃
神戸――大阪	一三〃	二〃

大阪―四日市	二三三哩	二十六時間
大阪―清水	二八二〃	三十二〃
大阪―横浜	三五四〃	四十〃
大阪―東京	三六七〃	四十一〃
横浜―東京	一九〃	二〃
興南―小樽	六八五〃	七十六〃
興南―新浦	五五四〃	六十二

結　末

満洲曹達工業ノ新興ト、内地製品輸出ノ関係、北支方面進出ノ問題、満洲産業五ヶ年計劃ニ對スル策應等、種々ノ観点ヨリスル幾多ノ研究問題ガ残サレテハ居ルガ、要スルニ東亜ノ資源ハ無盡ナリ。コノ宝庫ヲ開發シテ興亜新秩序建設ノ國策線ニ應ズルコトガ急務デアッテ寸時ノ逡巡ヲモ許サヌ所謂即戦決主義ニヨッテ先ンジテ衆ヲ制スルノ覚悟ヲ要スル。

而シテ差當リノ問題トシテハ先ヅ天津ト京城トニ駐在員ヲ派遣シテ、新情勢ニ對應スル進取的、発展的方針ニヨル配給販賣ノ運用ヲ圓滑ナラシメナガラ、大陸ニ於テ大ヲ成ス策源地トセネバナラヌ。

以　上

東京府教育研究會主催

鮮滿地方視察報告

序

今回東京府教育研究會の主催により、朝鮮満洲視察團第一班を組織して、併合後の朝鮮、新興満洲國の事情の一端、並に昨年九月の事変の戦蹟を視察し、以つて將來帝都教育の振興に資せんとす。此の計劃に賛して一行に加はりたるもの二十五名。

本視察團は五月廿二日東京出發、下関より釜山に渡り、朝鮮を縦断して安東より満洲に入り、奉天、撫順、長春を訪ひ、南下して大連、旅順を視察して、六月六日門司着解散したるものなり。

日數十六日、然も鮮満にあること僅に十二日、寔に倉卒の旅にして、その目的を達し得ざりしも、團員一同皆健康にして克く予定の行を終り、その視察時日の短きに係はらす十二分の効果を收めたることを信するものなり。凡て百聞は一見に如かず。

今その行程に隨ひ經過せし處とその感想、風習の一端、美術工藝の一端を録して以つて報告書とするものなり。

目次

以上

視察日程

月日	地名	發着時刻	宿泊
五、二二	東京	發 後、九、四五	車中
五、二三	下関	着 後、九、四〇	
		發 後、一〇、三〇	船中
五、二四	釜山	着 前、八、〇〇	
		發 前、九、一〇	
	京城	着 後、七、〇〇	京城（備前屋）
五、二五		發 後、一〇、四〇	車中

月日	地名	發着時刻	宿泊
五、二六	平壌	着 前、六、一〇	
	同	發 後、三、一七	
	安東	着 後、八、五五	安東（元宝館）
五、二七	同	發 前、一一、四〇	
	奉天	着 後、七、〇五	奉天（大丸旅館）
五、二八	同	發 前、六、三〇	
	撫順	着 前、八、一〇	

月日	地名	發着時刻	宿泊
	撫順	發後、三、五五	
	奉天	着後、五、二〇	奉天
五、二九	同	發後、九、二〇	車中
五、三〇	長春	着前、七、〇〇	長春（西村旅館）
五、三一	同	發前、九、二〇	
	公主嶺	着前、一〇、五六	
	同	發後、二、一三	
	湯公子	着後、一一、〇八	湯公子（對翠閣）
六、一	同	發前、九、四八	

（二）

月日	地名	發着時刻	宿泊
	大連	着後 四、五〇	大連（盤城ホテル）
六、二	同	發前 七、四五	
	旅順	着前 九、一〇	
	同	發後 四、三五	
	大連	着後、六、一〇	大連
六、三	同	滞在	大連
六、四	同	發前、一〇、〇〇	船中（はるぴん丸）
六、五		航海中	同
六、六	門司	着、早朝解散	

東京府教育研究會鮮滿視察團員

東京府視學　片岡七郎
豊多摩郡千駄ヶ谷小學校長　松井敎爾
仝　猿樂小學校長　矢澤基贇
仝　大和田小學校長　國分長左エ門
仝　天神小學校長　青戸藤平
仝　桃園小學校長　田村利八
仝　高井戸第二小學校長　山本庄一
北豊島郡仰高西小學校長　久保田保藏
南葛飾郡第一大島小學校長　吉野作藏
仝　小松川第一小學校長　山口紋之助
仝　水神小學校長　一ノ瀬誠次
仝　第一吾嬬小學校長　小澤聖一

仝　第四吾嬬小學校長　倉澤清美
仝　隅田小學校長　田中驚五郎
仝　小岩小學校長　當麻基一
仝　南綾瀬第二小學校長　中村榮太郎
仝　瑞江小學校長　小島由五郎
仝　金町小學校長　上野春吉
仝　葛西小學校長　石井精一
南多摩郡日野小學校長　古谷剛次郎
仝　稲城小學校長　礒川重作
仝　第二小宮小學校長　小川三郎
仝　浅川小學校長　坂本正雄
西多摩郡青梅小學校訓導　齋藤矩太郎
仝　東秋留小學校訓導　柏倉兵七郎

日誌

五月二十二日（日）曇

満鮮視察團員一同は午後八時、東京驛待合室に集合し、視察上諸般の打合を成し萬遺漏なきことを期せり。出先に於ける事項は其の都度協議をなすべきも大要左の申合を成し各其の任務を分つ。

満鮮視察團役割

團長　茂岡七郎

総務　吉野作藏　山口紋之助　古谷剛次郎　磯川重作

庶務會計　松井毅爾　小澤聖一　倉澤清美　坂本正雄

記録　矢澤基贇　田中鷲五郎　青戸藤平　久保田保藏

當番　(一)東京――安東間（内地朝鮮）

國分長左エ門　田村利八　小李庄一

(二)安東――奉天――長春――湯崗子間（滿洲）

一ノ瀬誠次　當麻基一　中村榮太郎　小島由五郎
上野春吉　石井精一
(三)　大連……旅順……汽船間（関東州）
小川三郎　齊藤矩太郎　柏倉兵七郎

◯見學宿泊等ノ便宜上豊多摩、北豊島を第一班に、南葛飾を第二班に、西多摩南多摩を第三班に分つ。

◯汽車汽船共に二等とし、内地乗車中に於ける食事は各自に於て支拂ひ、朝鮮、満洲、関東洲に於ては團費に於て支拂ふ。

◯汽車汽船の乗降に際し総代は乗車券を團員は團員證を提示する事、愈々時刻迫り入場を開始すれば、一行の視察に幸あれと、小山視學、横溝視學、國府視學、鹿児島視學、細谷屬を始めとし、各郡代表校長、各學校関係者、無慮三百餘名の見送人に及びさしもに廣きホームも餘す處なし。

午後九時四十五分萬歳の聲に送られて発車す。

車中にて再び打合會を開き片岡團長の挨拶、　吉野松井両氏の報告ありて各自携帯品の整理を為す。汽車は進み時は過ぐれども歓談盡くる所なし。

五月二十三日（月）　朝雨後晴

名古屋駅を過ぐる頃夜は全く明けて車窓に小雨を見る。琵琶湖を右に賞しつゝ大津を過ぎて京都駅に近づく頃より天次第に晴れて窓外の山野殊の外麗し。明石駅に到れば全く快晴となり、内海の美景に酔ひて心踊り一行の元気愈々旺盛なり。廣島を過ぎて宮島の鳥居を左窓に眺めつゝ夜に入り、午後九時四十分下関駅に着き、直に連絡船昌慶丸（三、六〇〇噸）に便乗す。十時三十分津々浦々に響く汽笛の合図にて出帆す。空良く晴れて波静なり。見渡せば對岸門司小倉の燈火點々として波に浮び、潮風面を拂ふもいと心地良し。甲板に佇みて想を東都に走らすも暫し。税関の検閲を受くる為所持品の開陳を成し、好奇の心にて待つ。検査は型の如く終り各々疲れたる体を伸ばして推進機の音を枕に夢路を辿る。

五月二十四日（火）晴

午前八時三十分釜山に上陸す。汽車は桟橋に接して一行を待ち、されど期待多き朝鮮第一歩の釜山何ぞ空しく通過するを得んや。一同寸暇を割き自動車を駆つて龍頭山公園に到り日吉神社に参拝す。社殿は山上にあり境内眺望殊に良し。降りて内地風の商家相並びたる市街を走り、行き交ふ白衣の鮮人を眺めつつ歌にかへる。

午前九時十分奉天行の列車に乗りて釜山を発す。車窓近く流れる山、遥に望む山脈、何れも岩石露出し、草木の発育宜しからず。沿道の民家は矮小にして生活程度殊の外低きは同情の念禁じ難し。されど植林の発達、耕地の整理、道路の改修は内地も及ばざる程にして、当局の苦心努力の跡歴然たり。

汽車は秋風嶺を越え大田を過ぎて午後七時京城駅に着く。駅頭に武田、大山、三好諸氏の出迎を受け、車を連ねて南大門の雄姿を仰ぎ、旅館備前屋に入る。

五月廿五日（水）　雨後晴

午前八時半大雨を冒して市内の見学に向ふ。先づ車を連ねて朝鮮神宮に詣づ。祭神は天照大神及び明治大帝の御二柱にして、半島鎮護の御社。社前の外苑はもとの漢陽公園、市街を脚下に見下し、遠く漢江の長流を望む。

參道を下りて南山公園に出づ。境内に天滿宮、京城神社又明治廿七八年戰役を物語る甲午戰勝記念碑あり。麓には商品陳列館、恩賜科學館ありて逍遥に適せり。南山の北麓に向へば奬忠壇公園あり、往年韓國士卒の招魂場なりしも今は市民の散策場となり、伊藤博文公の記念館も今建築中なり。

東大門、京城大學を車窓に見て經學院に入る。院に文廟を中心とせる儒林の學堂ありて、今尚春秋二期に釈尊祭を行ふ。附近に明倫堂あり儒學を講義す。文廟は孔子、顔子、思子、曽子、孟子、等の聖哲を祀る。樂器庫ありて朝鮮古典の樂器を藏す。

昌慶宮。昌慶園動物園植物園博物館を經て秘苑に到る。秘苑は李王家の庭園にして王朝時代善美を盡くして作られしもの、今も尚昔を偲ぶ宮殿、往時を語る樹木觀る人をして感慨無量たらしむ。景福宮は李朝太祖の創建にして文祿の役に加藤、小西軍の先鋒入城するに先ちて乱民の爲に灰燼に歸せるも、今を去る六十餘年前攝政大院君、一世の民力を竭して再建す。我が大極殿に相当し、善美の極を盡せり。後方に慶會樓あり、勤政殿あり。去って校洞公立普通學校の鮮人教育を視察し朝鮮總督府に到る。廳舎は五階建にして十年の日子と、六百萬圓の經費を以て建築せりと云ふ。大理石にて築ける大ホールには和田畫伯の壁画あり、善美を盡せること、蓋し我が國に比肩するものなからん。　夕刻に到り鮮人の家を見る。　主を趙鼎允と呼び、中流の生活者なり。　家屋の構造雑作、家具の珍奇、家族の多数等一として興を惹かざるなし。主人の好意に甘へ内房厨房、物置等残りなく見て暇を乞ふ。

自動車は鐘路通、黄金通、本町通の繁華なる市街を縫ふて一行の見學に多大の資料を與へつゝ、宿に歸へる。　夜は明月館に於ける招待會に臨み、朝鮮料理に舌鼓を打つ、席上朝鮮に關する四方八方の話を聞き大に蒙を開く。　款談數時、名殘尚盡きざれど、時刻迫れるを以て辭し、多數の見送りを受けて、午後十時四十分平壌に向ふ。

五月廿六日（木）　晴　風強し

午前六時十分平壌に着き柳屋ホテルにて小憩す。　平壌教育會常務理事趙氏の案内にて普通の飲食店にて朝食を取る。　浄盤（ヘシヤバン）と稱する料理なり。　其の奇なるに皆喜ぶ。　終つて市内の名所旧蹟を見學す。

先づ瑞氣山公園に登り平壌の一帶を望む。　平壌は北鮮文化の中心地にして政治教育を始め、商工業上見るべきもの多し。

平壌公立女子高等普通學校に行き上流鮮人の女子教育を見る。　本校は鮮人女子教育に對する最高學府にして設備良好にして内容も亦充實せり。

平壌神宮に参詣し、七里門、箕子の陵を巡りて乙密台に登り、記念の撮影をなす。又玄武門牡丹台の戰蹟を訪ひ大同江を俯瞰して日清戰役に於ける皇軍の奮戰を偲ぶ。

柳屋ホテルにて晝食。

午後三時十七分平壌駅を發し安東に向ふ。　連日の乗車と見學にて稍々疲勞を感ずるも一行の意氣尚強し。

汽車は夕陽を浴びつゝ平壌以北の平野を過ぎて新義州に着けば日は全く暮れて燈火燦然たり。　やがて汽車は警笛を發して鴨緑江の長橋を渡る。橋の長さ一粁渡るに二分七秒を費す。　午後八時五十五分安東駅に着き税関の検査を受く。　駅を出づれば客を呼ぶ車夫あり、馬丁あり、　異なれる男女の服装生ひ茂れるアカシヤの並木、見るもの聞くもの僅に一粁の鴨緑江を隔てゝかく迄支那風に変化するものかと驚かざるを得ず。

時差一時間。　時計の針を遅らせて宿に着く。　出迎の市川氏を囲んで事変前後の話を聞くに、　既往安東の南方部落に匪賊出現せしも、憲兵警官の活動に依り、今は安全なりと知り行路の不安を去る。

五月廿七日（金）晴

午前五時起床。　食後直に鴨緑江の江岸に出で橋の開展を見る。　橋桁十二あり、安東最寄の第四桁廻轉す。　開閉時は一日三回にして、人力僅に八人を以て自由に扱ふも妙なり。　二、三日來上流に於て降雨ありし為か、濁水滔々として、水勢急、大小幾多の筏矢の如く下るも珍し。

對岸新義州には王子製紙工場あり、　朝鮮総督府の製材所あり、　兩岸小舟の往來繁く、　華工の活動殊に人目を惹けり。

支那馬車を走らせて鎮江山に登る。　満洲八景の一にして眺望殊に良し。　安東神社に参拝し、　境内の樹木繁茂せるに驚かさる。　社殿近くに安東納骨堂あり、　日露戰役の犠牲者三、一二九名の遺骨を納む。　礼拝して支那街に向ふ。　支那街には未だ見ざりし支那特有の商品数々、その使用不明の物、　奇らしきもの、　何れも廉價なるに驚く。

午前十一時十分安東発奉天に向ふ。　安奉線といへども最も危険多き線なるを以て、警衛の兵士警官等軽機関銃を携へて乗込み、萬一の場合に備ふ。傳へ聞く過ぐる日馬賊匪賊の襲撃二、三回あり、又何時襲撃し来るやも計られざると。沿道は警戒厳重、駅頭は武備堅固にして眞に戦時気分漲れるを見る。夏季農作物の繁茂期に入り、馬匪賊の襲撃あるに備ふる為め、停車場附近は五〇〇米、沿線両側は五〇米以内に高粱の栽培を禁ぜり。

不安に駆られつゝ鶏冠山橋頭に至れば軍用装鋼列車あり何れも目を見張る。本渓湖に着き車窓近くに製鉄所を見る。列車は進み〳〵て大平野に出て暮色蒼然たる中に大奉天駅に着き、大丸旅館に宿泊。

五月廿八日（土）晴

午前六時三十五分奉天発八時十五分撫順に着く。

撫順實業協會に入りて炭坑に関する概要を聴取す。

一、礦區　二、埋藏量　三、採掘量　四、品質　五、油母頁岩、重油並に硫安の

製造、　六、住宅地の移動　七、番犬の利用等

大山の堅抗を遥に望み、露天堀の實況を具に視る。　露天堀は當地獨特の採炭法にして、規模宏大採掘量多きに驚く。　蓋し本炭抗は我が滿鉄に於ける資源の主たるものなり。

製油工場に到れば乾溜法の装置に依りて多量の重油を採取するを見、真摯なる研究家に對し衷心感謝の意を表す。

自動車に乗り新市街を巡りて歓楽園に到る。　下層労働者の慰安所なり。

午后三時五十五分撫順を發して五時二十分奉天に着く。　直に教育専門學校附属小學に到る。　校長生田美記氏我が一行を歓待して、同校の施設經營及び諸般に亘りて説明大に力む。

教育の實状は滿洲特殊の点あるも、大要内地の教育に準ずるの感あり。　蓋し児童は卒業後内地の學校教育を受くる者多きが為め、自ら其の準備たるを免れざるべし。　但し尋常四年以上に支那語を正科として課す

参觀二時間餘、辞して日露戰役に於ける戰死將士二萬餘の靈を合祀せる忠靈塔下に到り、禮拜して只管冥福を祈る。

五月廿九日（日）快晴

午前七時五十分大丸旅館を出発す。 貸切自動車を雇ふて同乗し満洲醫科大學の屋上に登る。 一望奉天の大部分を瞰下することを得、駅を中心として西方を工場地帯とし、 東方は満鉄附属地、次で商埠地あり、 更に東方に奉天城あり、 これを中心として支那人街をなす城内及城外何れも商業甚だ殷盛を極む。

満鉄附属地は街路整然、大家高楼聳立ち、 道路は補装して大東京市の如き観あり。案内人佐長氏の説明を聞き大に知見を廣めて北陵地方に向ふ。 行く〳〵東北大學及びゴル場を見つつ學良の別荘に到る。 別荘は今や全く破壊せられ、家具、雑作等奪略の跡の惨憺たる様、 言語に盡し難し、 學良の不信推して知るべきなり。更に進みて北陵に詣づ。 清朝第二代太宗文皇帝及び皇后の陵なり。 規模宏大にして華美なること、 我が日光東照宮に準ず。 時代も亦相似たり。 附近一帯は有名なる北陵の大森林にして、 日露奉天戦役に於て我が軍三ヶ聯隊の全滅せし處、今も軍事研究上重要なる地点なりと云はる。 記念撮影を行ふ。 次で喇嘛教の法輪寺に到り、不可思議なる偶像を見る。 其の昔清朝は政策上之を利用せりと聞き、 苦笑止め難し。

車を廻して城内に入り吉順商店の屋上より市街を瞰下す。　隆盛なる商業地區、人馬の往來織るが如く、學良の本邸、宮殿悉く俯下し得るも欣し。　食を樓上に、於てすまし北大營の戰跡を訪ふ。　名にし負ふ北大營は學良の手兵一ヶ師團收容す。蓋し我が國に其の比を見ざる大兵營なり。　此處に立籠れる八千餘の支那兵を我が六百の寡兵を以て殆ど全滅せし偉大なる武勲には感謝の涙止めがたし。　戰死者二名の墓標あり、一行謹で弔慰を表しぬ。　時刻迫れるを以て、車を馳せて兵工廠の外觀を見て同善堂に到る。　本堂は清朝の武人左寶貴の篤志によりて創立せしものにして、孤兒、養老、不具廢疾者の外、捨児の養育、廢娼の救濟等あらゆる慈善事業を施せる處にして、支那の施設としては眞に奇特なるものなり。

一巡するに事業總て精神的なるに驚嘆せり。

本日温度八十度を超ゆる高温なりしも、一同活氣旺溢滞りなく視察を遂げ、午后九時二十分奉天駅を発して長春に向ふ。　発車後間もなく談話も絶えて次第次第に旅労の眠と化しぬ。

五月三十日（月）快晴

午前七時長春に着き、徒歩にて西村旅館に到りて朝食。八時半室町小學校視察、上原校長より教育の一班、並に事変当時に於ける邦人の活動を聽取す。同校訓導の案内に依り民政部、軍政部、資政局に到り新國家の行政状況を見る。文教司督學官長濱義紀氏新國家の教育方針を説明す。曰く、一、現状回復。二、實用化。三、日本化なりと。同氏の案内に依り國務院國務廳に行き、總理鄭孝胥氏を訪問す。鄭氏は學者にして行政家なり。嘗ては執政傅儀氏の養育係長をなし、只管今日あるに努めたりと云ふ。團長片岡視學は一同を代表して祝辞を述べ且つ敬意を表すれば、之に對し鄭氏感謝の挨拶ありて別る。次で午前十一時半執政府を訪問せしも、執政は新歓賓客會食中にて面会することを得ざりしかば、玄関に於て代理者に敬意を表して歸る。これより一同馬車を走らせて寛城子の戰跡を訪ふ。皇軍奮戰の跡歴然として殘り、感慨無量、戰死者の墓標に対し其の靈を弔ふ。晝食にロシヤ料理を取る。分量多くして盡せず。午後は更に自働車を南に走らせて南嶺の戰跡を訪ふ。南嶺の説明者はこの実戰に參加せる人なれば、一々我が軍の行動を指摘し、名譽の戰死者の戰功を語る。一行其の英靈に對して謹んで弔意を表し且つ一死以つて軍國の華と化せるを賞つ。

惟ふに皇軍の向ふ處敵なしと云へども昨年九月十八、十九の両日の戦闘は何れも数十倍の大敵に對し、幾多軍人の血と肉とに依り、戦捷の榮冠を得、邦人の生命財産を安全にせらる。眞に感激に堪へざる所なり。諸士の忠烈なる功績は、吾人によりて長く小國民に、又社会民衆に語り傳ふべきことを期せん。幾多の英靈以つて冥せられんことを。この日夕陽殊の外紅なり。

五月三十一日（火）　晴天　強風

午前九時二十分長春発十時五十六分公主嶺に着く。

駅前公主嶺小學校に立寄り少憩の後農事試験場に赴く。本試験場は満鉄会社の経營にして規模宏大、主として満洲に於ける農産林産畜産家禽等總ての改良を図らんが為、多額の費用を投じて經營しつゝあり。講堂に於て村越技師の講話を聴き、次で標本室、實習地、試作地、家畜、家禽等を飼養せる處全部の案内を受け、一々懇切なる説明あり、大に啓発せられたり。強風（風速二〇米）柳の枝を折り土砂を飛ばして一行を悩ませども満洲氣候の一班を知り得て興味多し。　午後一時四十五分車上の客となり南方に進む。

恰もこの列車には北満地方へ討伐に向へる皇軍戰死者の遺骨七体を安置す。　謹んで靈前に禮拜して弔意を表す。

車窓より鞍山製鉄所の夜景を見、　夜半遅く（午后十一時八分）湯崗子に着き、　温泉旅館對翠閣にて終日の塵埃を洗ふ。

六月一日（水）　朝雷雨後晴

未明より雷雨烈しかりしも、八時半頃には全く晴れて、　雨後の南満殊に鮮なり。

午前九時四十八分大連行の列車に乘りて湯崗子駅を発す。　隣室には北満討伐の為戰死を遂げられし勇士十三体の遺骨を安置す。　一同謹で禮拜し英靈を慰む。

車窓視察数時にして遼東半島に入り瓦房店に到れば、　稅関吏來りて煙草の檢閲を行ふ。　列車愈々進むに連れ金州あり、　南山あり、　日清日露の戰蹟を追懐し、　山川草木一として涙なくして迎へざるなし。　午後四時五十分大連に着く。

駅頭既に遺骨送迎の人を以つ満つ。　一行は直に降車し、服装を正し、緊張して市民と共に送る。

修養團主幹蓮沼先生、先輩関山櫻井両氏を始め、多数の方々に案内せられ、修養團満鉄支部に到りて少憩し、視察の打合せを為す。　前日来疲労多き為直に磐城ホテルに引揚げ、隨時自由の視察をなすこととせり。

六　月　二　日　（木）　曇後晴

本團視察日程中最も期待多き日なり。　一行總員早朝より起床、意氣揚々として宿を出で、午前八時四十五分大連発旅順に向ふ。　右に渤海を見、左に旅順背面の山々を仰いで旅順駅に着く。　駅前高く聳ゆる白玉山の表忠塔は、巍然として一行を迎ふるの感あり。　須藤、櫻井両氏を始め、幾多の出迎へを受け、大坪氏の案内により、馬車を連ねて見學を始む。
一、陳列館。　日露戰役中特に旅順攻撃に関係多きものを陳列す。　悪戦苦闘の旅順攻撃、守るも攻むるも必死を盡してのこと故、武器にも遺留品にも血と涙の結晶

を止む

二、東鶏冠山北保塁。 我が軍の死傷者一万七千餘を出し、敵將コンドラテンコ將軍四ヶ月餘死守せし處。 二十有七年後の今日尚当時破壊せし惨状を保存す。 当時の奮戰苦闘を偲ぶに餘あり。

三、水師營の會見所跡。 庭に一株の棗の樹、 往時を物語るの感あり。 建物は極めて小にして戰争當時の儘を保存す。 中に賣店あり 戰跡物語の繪葉書を始め、之に関係ある記念物を賣る。 此處にて晝食をなし、 想を遠く乃木ステッセル両將軍に走らす。 両將軍去つて今や風物うたゝ寂寥。

四、二〇三高地。 中腹に馬車を止めて汗を拭きつゝ登る。 山は險しく硬き岩を以て覆はれ、 頂上に爾靈山の記念碑聳ゆ。 これ乃木將軍の筆蹟にして、 永遠に戰争当時を偲ばしむ。 西方の麓には乃木保典君戰死之所と記されし記念碑あり。 此の高地を占領に當りては七度占領し六度逆襲に仍りて奪週されしと云ふ、激戰の様推して知るべし。

五、博物館 高昌文官のミイラを始め考古學上貴重なるものを蔵し、 内地には見得ざる物を多く陳列す。

六、白玉山表忠塔と納骨神社。　工費十数万円、二ヶ年の歳月を費し以て竣工せしものにして、高さ二百十八尺。　明治三十七八年戰役に於ける我陸海軍の忠烈なる芳魂を永久に表彰する為に建てられたり。　後方に納骨神社あり、　日露の役、旅順攻撃の殉國誠忠の将士陸海軍合せて二万二千餘の英靈を納めて祭る。　四囲の展望頗る雄大、旅順湾内は勿論背面の戰跡一々指顧し得べく、　風景亦絶佳なり。

七、旅順港と市街。　港湾は老鉄山と黄金山迫りて湾口を扼し、　背後は山岳重畳して軍事上得難き良港なり。　難攻不落の称亦宜なる哉。

市街は商店町、官衙、學校、住宅地帯とに別れ、住宅地は樹木繁茂し風光明眉の地帯にあり。

一行は一巡を終へ、自動車を駈つて山間を抜け、海邊を辿り、　一時間にして大連の旅館に着く。　夜は名残りの買物に忙し。

六月三日（金）晴

今日は最後の視察日なり。　一同期せずして大努力すべく一致し、　午前八時出発、大連市内の見學を行ふ。

一、満洲資源館。　満蒙一帯の産物を本館に陳列して縦覧に供する處なり。　一巡するに設備完全、管理亦宜しきを得、眞に参考の資を擧ぐるの点感激に堪へず

二、埠頭事務所。　事務所の屋上に登りて港内を俯瞰す。　湾内廣く水深く波静かにして、眞に東洋第一の大港なり。　四條の桟橋は雄然と海中に突出し、　五千噸級の船舶三十九隻を一時に横付するを得。　上屋亦完備し、　貨物線路は縦横に通し、　延長實に七十五哩貨物の運搬頗る便なり。　構内所々に大豆の露天倉庫（大豆の積山）を見る。　気候上より然らしむるとは云へ甚だ奇なり。

三、成裕昌西記油坊。　満洲産の大豆より豆油を搾取し、　又豆粕を製造する處なり。　油坊内には幾多の器械ありて之を少数の職工と華工とにて多大の能率を擧げ居れり。　華工は多く裸体にて働き、体格力量共に優る。

四、碧山荘　　華工の合宿所にして規模實に宏大、　設備も亦理想に近し。　目下收容人員八千を超え成績も良し。

五、大連朝日小學校及び大連神明高等女學校。　両校共に設備完全、　内容充實せる所羨し。　朝日小學校長関山氏は、東京府師範三十八年の出身、　神明高女長村井氏は高師出身にして、　何れも大連教育界の重鎮なり。　両校を訪い其の教育的活動の一

端を窺ひ、大に意を強うし、　両氏の愈々健全活動を期待して止ます。

六、忠霊塔（公園。）　大連の西方山の麓に公園あり、忠霊塔高く聳え散策の士を戒むるの感あり。　山の中腹に到れば眺望殊に展け、大連市を俯下し得、園内樹木多くして藤花萬開なり。　晩春の櫻花亦風情あらん。

七、大連西崗子公學堂　建物運動場共に拡大にして内地に其の比を見さる所、支那人の子弟を教育する小學校程度の學校にして教育法も、内地の小學校に相似たり。

手工手藝の成績品を見るに、　成績極めて良好にして生徒の學習態度も、教室の内外を問はず着實なり。

八、露天市場（一名泥棒市場）。新物、古物、家財道具等あらゆる物品は此の市場にあり。盗難に罹りし時はこの市場に到れば発見することを得と、　故に一名泥棒市場の称あり。

市場の一隅に阿片吸煙所あり。　金貳拾錢の大金を惜まずして吸煙する労働者多数吸ひつ眠りつ長時間をむさぼるも哀れなり。

九、星ヶ浦別荘地　内地湘南地方にも、　將又京濱地方にも見得ざるが如き華美宏壯の別荘住宅地なり。

満鉄經營のホテルにて少憩し海水浴場及び公園を散策して歸る。夜は泰華樓に於て大連教育者（有志）の招待會に臨み歓談に花を咲かし、宿にかへりて寐につく。

六月四日（土）晴

今日は歸國の日なり。午前五時起床、心残りの数々を収めて旅装を整へ、朝食もそこ〳〵にハルピン丸に乗り込む。

見送りに来りし関山越智両氏を始め、知己友人等は別離の情押へがたく交す握手も亦固し。

午前十時ドラは鳴り、汽笛は浦々に響き渡りて、船は埠頭を離れ、テープは次第に伸びて一つ切れ二つ切れ終に完く切るれば、帽子は高く、ハンケチは強く振られて暫く止まず。やがて彼我の姿も見分け難くなりぬれば、一同太き歎息を洩らして瞳を返さんとして返へされず、次第に離れる大連の街。遼東半島の山々惜しき別れを告げつゝ、尚も甲板を去りやらず。やがて一行思ひ〳〵に船室に入り、税関の検閲を受くる準備に忙し。午后五時全く検閲を終る。

黄海は鏡の如く船の動揺なくしていと心地よければ、夕食後甲板に出で月を眺むるあり、談笑に花を咲かすあり、日記の整理をなすもありたれど、午後八時半頃には満州旅行の疲労を回復せんが為めに早くも寝台に入りぬ。

六月五日（日）曇

未明朝鮮の多島海に入る。大小幾多の島々去りては来り来りては去り、水路極まらんとして、又忽ち開くる様恰も瀬戸内海を航するが如く、風景甚だ絶佳なり。午後三時茶話会を開き席上一等機関士、及び事務長を招待して船と航海に関する講話を聴く。

次で旅行の結末につき打合会を開き、庶務会計報告書起草の件と報告会開催等帰京後の事務処理につき協議す。

片岡団長は視察団解散の挨拶を成し、磯川校長は一同を代表して幹部の努力に対して謝辞を述べて会を閉ぢせり。夕食は視察終了の意味を交へて別離の会と化し、快談長時に及ぶ。

六月六日（月）曇

暁に霧かゝりて定ならねど船は既に九州の沖合を走れり。満鮮の曠野を過ぐること二旬、帰りて本土の山川に見ゆ。誰か歓喜の情を押へ得べけんや。朝食も匆々にして上陸の準備に忙し。愈々午前七時半門司沖に停船す。一行門司と下関両方面に別れて上陸し、九州巡遊を為すあり、山陰道に向ふもあり互に無事を喜びて解散す。

顧るに一行廿五名無事視察を終へ、多大の見聞を得て帰国せしは一に教職の賜にして、誠に感謝に堪へざると共に将来愈々吾人の責任重且大なるを痛感すること切なり。

感想

(一) 教育に関する事項

1、新満洲國文教部の教育方針は、實際的人物の養成を主眼とし、従來の排日教材は一切抹殺し、満洲國を日本語化すべく鋭意計畫中なり。

2、満鉄附属地並に関東州に於ける教育の制度及系統は、日本人教育、支那人教育及日支人共學制の教育に分ち、支那人教育を除くの外の教育制度及系統は、小學校より大學に至るまで内地の教育制度及系統に據ると雖も、満洲特殊の事情に鑑み、必要なる施設として我が小學校は四年以上、中學校、女學校は三年迄支那語を正課として課し、更に小學校に於ては、南満洲教育會にて編纂したる満洲補充讀本、満洲理科學習帖、及び満洲唱歌集等を補助教科書として使用せり。支那人教育の制度につきては日本人教育制度、及び系統と支那人の特別なる慣習及び境遇を顧慮して適切なる制度を設けられたるものなり。校舎の外容はいづれも堂々たるものにして設備は充實せるものと認めたり。児童の成績につきては奉天の満洲教育専門學校附属小學校、並に大連の西崗子公學堂に於て見學したる書方、図画、手工等の製作品より帰納すれば、工夫創作、緻密等の点に努力せるものの多く、その成績良好なるものと認めたり。

3、朝鮮に於ける現行教育制度は、大正十一年二月四日公布せられたる朝鮮教育令に依りて定められ、同年一月一日より實施せられたるものにして、普通教育、實業教育、専門教育、大學教育及師範教育の五種に之を別つを得べく、而して普通教育に於ては、國語を常用するものと否らざるものとを区別の標準として學校の系統を別にするも、其他の教育に至りては内鮮人共學なり。

國語を常用する者の普通教育を為す學校を、小學校、中學校、高等女學校とし、小學校は内地に於けるものと大差なきも、必修課目として職業科を授くるは一特色と云ふべし。

國語を常用せざる者の普通教育を為す學校を、普通學校、高等普通學校、女子高等普通學校とす。

普通學校は、児童身体の発達に留意して之に徳育を施し、公民たるの資質を得しめ、勤労好愛の精神を養ひ、生活に必須なる普通の知識技能を授け、國民たるの性格を涵養し、國語を習得せしむるを以て目的とし、其の修業年限を六年とす。但し土地の情況により其の修業年限は五年、又は四年と爲すことを得べき制度たり。今や就學兒童次第に増加したるは喜ぶべく、我等の視察したる京城府校洞公立普通學校の如きは、志望者の約三分の二を收容し得るに過ぎざる狀態なりと云ふ。

(二)、滿洲國に對する認識

(1.) 昭和七年五月三十日新京に於て長兵督學官の斡旋により、國務院内にて、滿洲國々務總理鄭孝胥氏と會見す。片岡團長一行を代表して、滿洲國成立の祝辭並びに今回の視察に對する一場の挨拶をなしたるに對し、總理は我が視察團の誠意を諒とせられ、滿洲國政府は大日本帝國との親善を衷心より實行せんとするものなることを言明せられたり。此の會見は滿洲國經綸の基調が我國との親善にあることを如實に認識し得たるものとして、我等の欣快とするところなり。

(2)、新國家立國の主要大綱なるものに曰く

「一、凡そ新國家の領土内に居住するものは、皆種族の岐視、尊卑の分別なし。原有の漢族、満族、蒙族及び日本、朝鮮の各族の外、即ちその他の國人と雖も、長久に居住を願ふものは、また平等の待遇を享くることを得、その當に得べき權利を保障し、其れをして糸毫の侵損あらしめず。

二、極力往日の黒暗なる政治を剷除し、法律の改良を求め、地方自治を勵行し、廣く人材を收め、賢俊を登用し、實業を奨勵し、金融を統一し、富源を開闢し、生計を維持し、警兵を調練し、匪禍を粛清すべし。更に進んでいへは、教育の普及は正に禮教を崇ぶべし。王道を主義實行して必ず境内一切の民衆をして、熙々皡々として春台に登るが如くならしめ、東亜永久の光榮を保ちて世界政治の模型となさんとす。

三、對外政策は、信義を尊重して力めて親睦を求め、凡そ國際間の舊有の通例は謹みて遵守せざることなく、その中華民國以前各國と定むるところの條約債務の満洲新國家領土内に属するものは、皆國際慣例に照し、継續を承認し、商業を創興し、利源を開拓する為、我國家に投資を希望するものあらば、何國

に論なく一律に之を歓迎し、もつて門戸解放機會均等の實を擧げんとす。

と。

之によつて看取すれば、満洲國經營の指導精神は、所謂王道思想にして、、又行政上の主要方針は、國内居住の各種族を平等に待遇すること、努めて善政を布くこと、外國に對して門戸を開放することにあるもの、如し。

3、満洲國政府の組織

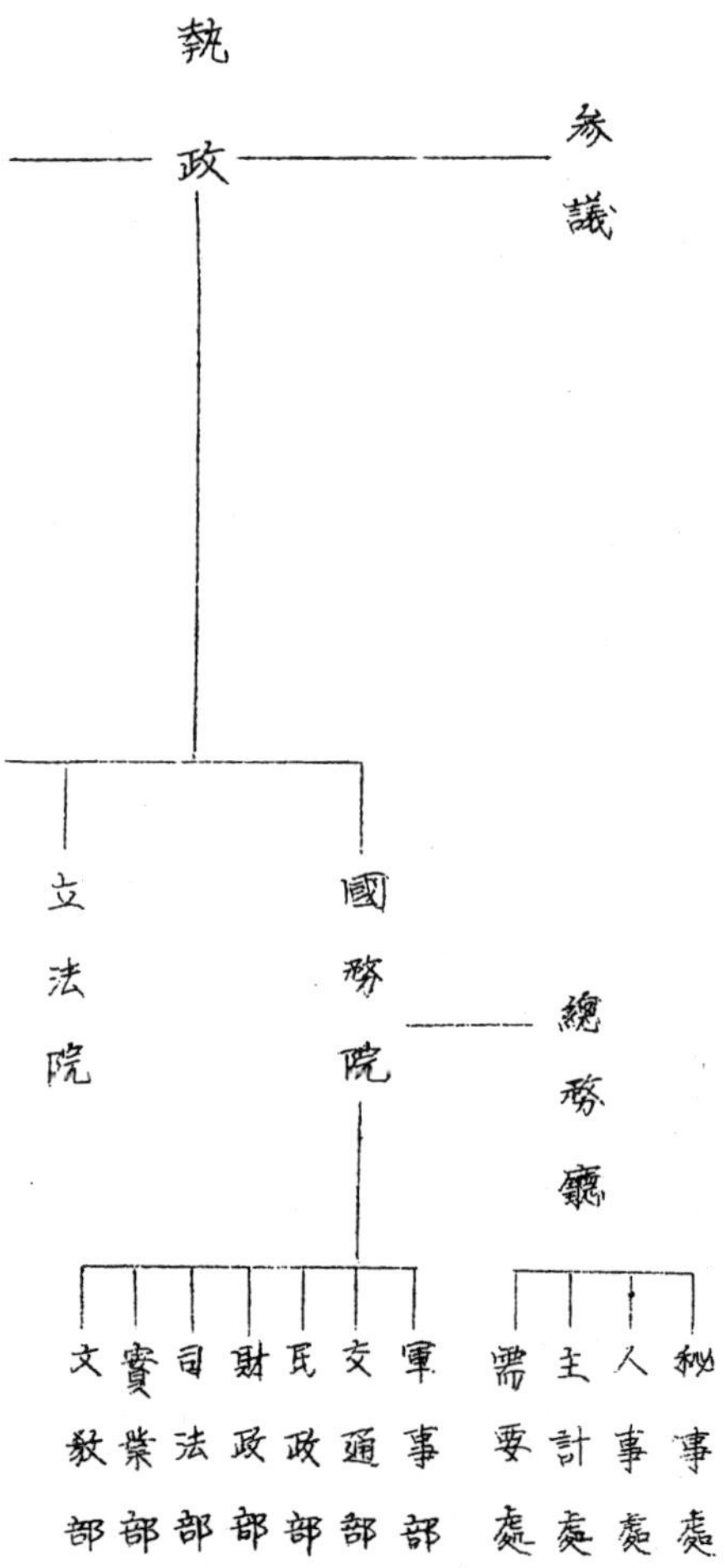

監察院
- 審計部
- 監察部

最高法院—高等法院—地方法院

建設指導部

文教部は現在民政部中の文教司にして、未だ部として組織せられたるにあらざれども、近く前表の通り昇格して、鄭國務總理自らその部長を兼ねらるゝ旨、長濱督學官の直話に基きて記載す。

(4) 新政府は前述の抱負と、組織とにより着々その經綸を實行すべく努力中なれども、少くとも警備の方面に於ては我國の援助に俟たざるべからざる事情にあり、特に今後の十數年は我國の實力に頼るの必要あるものと認めらる。

(5) 事變前と事變後に於ては、支那人の我が國民に對する態度に著しき相違あり、事變前日本人にして奉天城に出入するには、護照を携帶するか、或は巡警に五十錢を賂ふを要したりと云ふ。 今は我等視察團一行が自動車にて入城するに對し、巡警が姿勢を正して、擧手し通過の信號を行ふもをかし。

(6) 支那人の金錢に對する執着心の強きこと驚くべきものあり。

時に戰死者の所持品を奪取することあり。　されど故なくして他人の庇護を亨くるを潔とせず、苦役に服し、生活を低下するを厭はざるの長所あり。奉天に於ける同善堂の如き慈善施設が、常に定員に達せざる状態と、我が國民がや、もすれば満鉄に救済を仰ぐ態度とを比較すれば、確に反省の餘地あるべし。

(7)満洲國への移民は如何なる方法によるべきか、無計畫にて渡満し、歸國の旅費に窮し進退谷まりしもの、轍を踏むべからず。　須く計劃的、組織的なるを要す。即ち器械使用による産業の計畫、集團的移民等を行ふべきものなり。　我國在満機関の統一をはじめ、対満政策の統一樹立さる、も近きにあり、かくて満洲國在住民の生活の安定、延いて我國民生活の安定の一日も早からんことを冀望するや切なるものあり。

(三) 関東州の状況

(1)、大連の舊名ダルニーは露語にて遠大の意味なりと云ふ。　露國は極東政策の重要地点として選定したるこの地の経營を、その緒につきたるのみにて遠大なる計畫を實現する能はすして我國に委讓せられたるに拘らず、今や大連は築港、建築、上水、公園等近代都市としての設備、内地を凌駕するの域にあるは、全く我が官民の努力の致すところにして、大國民の誇りとするところなり。

(2) 爾靈山上に立ちて過ぎし日露の戰を懐ふとき「土一升血一升」の語も思ひ出でられ、坐に血湧き、肉躍り、勇士の忠靈に對して無限の感謝感激の念を覺ゆ。

(四) 朝鮮統治の概況

併合以來今日に至るまで二十三年、此間歴代の總督は聖旨を奉体して弊政の改革と、人民の幸福安寧の増進に意を用ひられたるにより、産業交通の発達、教育の普及、衛生の進歩等となり、半島に新興の氣運を認む。特に殖林に意を用ひられたる結果は、到る處列車中より觀察するを得べく、沿線に絶えずポプラの風にそよぐを見たるも、隔世の感あるものゝ一なるべし。

然りと雖も新領土に於ては、施設に對する人民の了解と、民情に対する爲政者の了解とにつきて、更に考慮を要するものあり。されば施設の周知徹底と、民意の暢達とを図り、專ら地方の實狀に適する政治の實現に期せられつゝあるを以て、昔日苛斂誅求の悪政の結果たる懶惰安逸の弊風は、愈々矯正せらるゝと共に、勤倹を尊び、家業に専念精励する美風を作興し、延いて一層各種産業の振興発展を促すことゝなり、　内地との共存共栄に益々貢献するに到るべきを確信するものなり。

(五) 結語

(1)、五月二十九日北大営の叢に、昨年の事変に埋め残りの敵屍数箇、白骨となりて散在するを見る。　翌日　南嶺の戦蹟を訪ふ。　倉本少佐をはじめ各勇士戦死の現地には、香を焼き花を供へて、厚く英霊を弔らはざるはなし。　之を對比して考ふるとき、　皇軍の精華発揮と、支那兵の實力相違の偶然にあらざるを知り、生を我國に享けたることの幸福を深く感ぜずんばあらず。

(2) 赤き夕日の満洲に忠霊塔を仰ぐとき、　満蒙をして今日あらしめたる尊き幾多の犠牲者に對し、深甚なる感謝の念を禁ずる能はざると共に、多くの先覚者の経営努力に對しても謹んで敬意を捧ぐ。

はじめ工業的に價値なしとして棄てられたる撫順の油母頁岩より、重油を製し得るに至りたる苦心に対しても然り。
二割の増收を得るに至りたる大豆の種子改良に成功したる公主嶺農事試験場の苦心に對しても亦然り。

(3) 今回の視察に際し満鮮の地にあること僅に十二日、しかれどもその時機を得、その場所を選みたる結果、收獲は多大にしてしかも言辞に盡せず、文字に表はし得ざるものを体得す。

希くは引続き多数の視察者を派遣せられんことを。

以上

朝鮮人風習の一端

一、釜山の第一印象
朝鮮海峡を過ぎて釜山にいたれば白衣となり、女子にして働くものは何れも頭上に荷物を載す。重きは十五六貫に及ぶと云ふ。從って女子の姿勢頗る良好なり。男子は「チゲ」と稱する用具にて荷物を背に負ふ。蓋し丘陵多く荷物運搬の便を缺くる處より來れるなり。

二、農業者の顔色
釜山より京城に到る沿道は多く丘陵の間を走れども、時に小平野あり畑あり田あり二毛作もよく見受けたり。働く農夫の顔色、土と殆ど同じく實に赫し。女子も亦同じ。

聞く、鮮人は夏は海に浴すれども、他は風呂に入ることなしと。

三、百姓家
汽車沿道の村里を見る、藁葺民家集團す。恰も箱庭の如く小さし。窓小さく且つ少く定めし陰気なるべし。然れども冬季を過ごす爲めに適應すと云ふ。

四、鮮人と烟管

三々五々道端のポプラの蔭に、或は軒下に、長き烟管を啣えて白衣に黒の冠にチョット載せて話し居る様、繪の如くとも見ゆれども其の悠々呑気の有様面白し、顔の長きと、烟管の長きと、氣の長きとは蓋し朝鮮人の三長なり。

五、女子の洗濯

汽車の沿道殆ど女子の耕作せるものを見ず。然れども到る所水あれば、白衣の女子三人五人洗濯するを見る。白衣の洗濯は我が國の如く着物のまゝ洗ふにあらずして、糸を解きて布として洗ふものなりと。而して普通農民には井戸少きを以て、清水の湧出ずる所、小河、大河等に於て行はれ、垢あれば棒にて叩きて取り去り、乾して糊付し、又棒にて叩く、これ所謂砧の聲として優美に聞ゆるものなり。

六、婦人と赤坊

朝鮮婦人にて子持は赤坊を負ふに肩によらず。腰に負ふ。腰の周りに巾二尺位の布團を巻き帯を尻の一寸上にしめて子供を負ふ。子供は其布團と親の腰の間にもぐいて睡る。目覚めて乳を求むれば、上衣を下よりまくり、子供は上衣の下より中に顔を入れて飲む。我が國の如く胸を出すことなし。
處かはれば品かはる。面白し。

七、北鮮婦人の八巻

男子は京城を中心として南北にその客観的の風俗に些の変化なけれども、女子には異る所を見る、

南鮮女子は頭に荷物を負ひ、北鮮はそれなし。又着衣と子供の様子は共に同じなれども結婚したる女子には確然差異あり。即ち北鮮に於ては結婚したる女子は必ず頭髪を厚き白布にて巻けり。以て未既婚者を区別せり。その巻ける白布は我が國に於て結婚当日女子の冠ふ「ツノカクシ」と同様なり。

若き女子の恥かしげに新しき白布を頭に巻きて老婦人に何かいはれて顔あかめつ、ある様子を平壌にて見る。

八、ポプラ「チゲ」一ショイ五十銭

朝鮮に於て田畑、家の周囲にポプラの亭々として並べるを見るその葉はこれを取りて田の肥料となす。枝は枯して燃料とす。その價「チゲ」一ショイ背負へるだけ五十銭なりと云ふ。さればポプラ樹は細くやせて頂きに僅に葉を残すのみ

満洲人の風習

一、惨忍性

安東の宿に落付きたる時、「惜しい事一週間前に来れば首斬りが見られたに」と曰はく、馬賊の頭目を捕へたるによりこれが斬罪を公開したるなりと。

奉天にて城内に入るべく城門を潜ぐる時、「三日前に来らるれば面白いものがあったがな」と。曰はく、城門に悪人の生首三個を吊し置きしと。

馬賊里邑を襲へば、十歳以上の女にして処女無くなり、抗すれば殺さるゝが、賊を殺すかの一途あるのみと。

以て其の一端を知るべし

二、盗癖

1.奉天にて張学良の別邸を見る。屋の内外金目になるもの一物として残るものなく。什器は勿論硝子迄も、ドアの金具迄も、水道のカラン迄も、一行亜然たり。

2.昨年九月十八日事変に支那兵敗散、兵営は空、これによって夜にまぎれて盗賊残品を失敬す。遇々巡警に射殺せらるゝものありと。

3、撫順に於て夜な〳〵石炭盗賊来りて恰も蝿の如し追へども拂へども盡きず、当局これが警戒に苦しむ、昨年独逸より警戒犬を輸入してあたらしむ結果頗る良好なりと曰はく、昨年四月より今年四月迄に警戒犬廿一頭を以て賊を捕へること実に一千四百八十に及び、中には犬の為めに喰殺されたるもの多数と聞く

4、各市街には何れも通称「盗賊市場《ドロボー》」と称するものあり賊は盗めば必ずその日又は翌日にその市場にて売る。中には立派な骨董品あり。されば それを掘出さんと朝早く買ひに行くものありと。笑ふに堪へたり。

5、支那人の盗癖は蓋し天性にして、家庭に於ても家族中に於ても行はると聞く、又阿片、モルヒネ等を吸はんが為めに注射せんが為めにも行はると聞く、而して家庭教育に於ても盗むことの悪なることを教育するなければ全く知らざるなりと。嗚呼。

三、腐敗せる果物

下層労働者の慰安所として奉天、撫順、大連等には歓楽郷と称する所あり。

入場料廉き劇場、活動、露天の語場、飲食店、遊廓等彼等の満足すべきあらゆる機関を備へたり。中に露天に果物店を開くあり、見れば半分腐敗せる「かび」の生へたる夏ミカン。眞黒にして細りたる「バナナ」等を賣る買ふもの多し。傳染病流行押して知るべし

四、斷髪三錢也。

支那人は今辮髪を全く見受けず何れも斷髪し中以上は丁寧に頭を分け又角刈なれども下層階級は磨って全く青坊主、眞に見事なり。女子も亦街路に於ては斷髪多きを見る。さても変化せるものかな。

撫順の歡樂郷に於て露天の理髪屋あり、小なる金盥一個と台を持ちて客を待つ、青坊主一すり、一金参錢也

五、阿片の吸烟

滿洲に於ては学良時代に吸烟者には一ヶ年十二元の税を課せりといふ。　関東廳に於ては吸烟者に鑑札を與へて一定の吸烟所に於て吸はしむ。　大連小公子に於て下層労働者の吸烟所を見る。時刻は午後一時半なりしに係はらず数十人のもの吸烟せるを見る。收容力は数百人に上るべく夕方は滿員となる

といふ。

吸ひ終りて半眼にして口を開きて睡るもの、吸ひつゝあるもの、多種多様、男女の相列びて睦ましげに吸ふものあり。如何なる精神状態にいたるものにや、さてもいやな習慣にこそ。

六、七万円の馬糞拾ひ

支那人の勤勉なることは驚くの外なし、朝は午前四時已に畑に出て日没と共に家にかへる。実に百姓の働くこと斯の如し。旅順見学の時水師営の会見所より爾霊山に馬車にて行く時、道路に一百姓車を引きて馬糞を拾ひつゝあり。案内者大坪氏に挨拶す。過ぎて大坪氏曰はく「あれは水師営附近の先づ豪農の主人なり。財産は少くなくとも七万円を下らず。農閑期に於て出でゝ馬糞を拾ふものなり」と
その勤勉労働又顧みるに價すべし。

七、結婚もお金次第

文明と共にお互に相思のものも出来。双方の意志によつて結婚することも行はるれども、農村に於ては勿論、都會に於ても尚金を以て女子と結婚す。

奉天の同善堂は支那に於ける社會事業の唯一のものにして各種の事業を行ふ中に娼妓の逃げ來るものを收容し、これに一家の主婦たるの教育を施し嫁したきものにはその手續をとる。

同善堂の入口に寫真と年令と名を記したる広告を見る。希望者は申出でて、約なれば金をおさむ。女によりて異なり、三十円より五十円位迄と。

朝鮮の建築

崇禮門（俗稱南大門）

京城は朝鮮の太祖李成桂の都を置きし處にして、爾後五百有余間の國都なり。周囲山嶽の地形を利用して石築の城壁を繞らし、八門を開けり。其内崇禮（俗に南大門）興仁（俗に東大門）の二門最大にして上に重層楼を起し他は皆單層楼の單門なり。

南大門は世宗三十年（我紀元二一〇八年）の築造に係り、下層は石築にして中央に虹門を開き、其の上に五門二面の重層楼儼然として立つ。權衡莊重にして堅実の風を帯び城門にふさはしき外観を呈す。

柱はふくらみを有し軒は二重垂木屋蓋は寄棟《ヨセムネ》造りとす。大棟の両端には鷲頭を上げ隅下棟の上に奇異なる雑像を配して以て外観の莊厳さを助く。

蓋し李朝五百年間を通じて最も優秀なる建築物の一なり。壬辰《ジンシン》の乱（我文禄の役）小西行長先づ此門より入城せしも当時抵抗する者無かりし為め兵火を免れたるは僥倖なりき。

此門左右の城壁は近年取毀ちて周囲に広濶なる環状道路を作り恰かもパリーの凱旋門の如く今京城市街の一偉観なり。

昌慶宮明政殿

昌慶宮は李朝成宗の十四年（皇紀二一四三年）の経営にして壬辰の乱（我文禄の役）に獨り兵火を免れ其正門たる化門、明政門及正殿たる明政殿並びに廡廊は当初のまゝに遺存せり。其後方にある文政殿、歓慶殿、景春殿、通明殿の殿宇は何れも純祖朝の再建たり。此昌慶宮の一廓を今李王家博物館とす

明政殿は二成の石壇上更に石築の基壇の上に立てる五間三面單層屋根入母屋造りの建築物にして規模大ならざれども形態荘重なり。花狹門《ハナギマ》の窓戸二重垂木内部は格天井を作り中央に寳座を設け纎巧なる装飾を有する宝蓋を冠し内外共に彩絵を施し二成の石壇の前面には富麗なる彫刻を施したる石陛《ロキヘイ》二處を設けたり。此明政殿は実に李朝初期の代表的宮殿建築にして後世此種の標準となれる貴重なる建築なり。

昌慶宮弘化門

弘化門は即ち昌慶宮の正門にして前述の如く成宗十四年の建築にして三間三戸《サンゲンサンコ》の

楼門を設け形態雄建なり。

昌福宮慶會楼

慶會楼は百官に宴を賜ふ所なり。康寧殿の西方に当り別に築墻の中に在りて四面蓮池を繞らし東方から西方三所を以て足に通じて居る。楼は重層にして正面七間側面五間、下層は開放して其柱は悉く底部三尺角大の花崗岩の大材を用ゐ其壮大人を驚かす。上層は中央に広間を設け四面に丹緑を繞らし内外共に華麗なる彩絵を施す。

要するに此の楼は大なる蓮池中にありて規模壮大四方開豁眺望の美に富み君臣和気靄々たりし当時を想はしむ。其屋蓋は大に過ぎ上層は低きに失し細部又纎弱にして権衡上上下の調和を欠けるは惜しむべきなり。

景福宮

景福宮は李朝の太祖李成桂の創建にして、白岳の峻峰を背景とせる規模宏大なる王宮なりしが壬辰の乱（我文禄の役）我軍の京城に入るに先だち乱民のために焼かれ其まゝ二百五十年間荒廃に委したり。李太王即位の二年慨然として中興の志を懐き一大猛断を以て景福宮の遺址に就き大宮闕を経営して大に王室の尊厳を樹立せんことを企て当初の制度を其まゝ再興したるもの即ち今の景福宮なり。

勤政殿

勤政殿は景福の正殿なり。二成の基壇の上に立てる重層の大建築にして其前面に広き前庭あり、周囲は廡廊を以て囲まれ正面に勤政門を開く。
基台の上には石勾欄を繞らし前面には石陛を設け其勤政門に至るまで左右に大理石の位標を立て正一品より正九品に至るまでの文字を刻めり。
是は大禮の時文武両班の官人が其位置に随ひ参列せんがためなり
殿は方五間重層の大建築にして中央に宝座を置き最富麗なる装飾を内外に施せり

寶　座

勤政殿の中央には寶座あり。高き寶壇の四面には奇異なる勾欄をめぐらし背面には五山日月の図を描ける大なる屏障を立て上には最も繊巧豊美なる手法を施せる天蓋を懸く。屏障の前には三ツ折りの後屏を立て其前に国王の椅子を置きしものなり。

石　陛

勤政殿の立てる二成の基壇の周囲にはそれぐ花崗石の勾欄をめぐらし親柱の上

には方角に隨ひ十二支四神等の像を刻出せり，正面の石階は二層に分ち各層共に左右の登勾欄によりて限られ登勾欄の端には怪形を作れり。石階は怪獸を寫せる登桁石によりて三区に分たれ中区には中央に双鳳雲文を浮彫にせる板石を置き、其の左右なる段石の踏面蹴上面共に唐草文様を刻めり。是等石階の手法は洗練の美を欠けども頗る豪麗の趣ありて勤政殿の前面を飾り其莊麗森嚴の偉觀を助く。

平壌城大同門

平壌は元高句麗（こうくり）の都にして後高麗朝鮮両朝には西京と称し北朝鮮の政治的文化的中心地として古来最も重要の地位を占めたり。其地南湾流せる大同江に臨み西北は起伏せる連山を利用して周囲に堅固なる城壁をめぐらし大小の門を開く。

其東正門は即ち此の大同門にして京城に通ずる要路に当り大同江岸に高くそびえ立ち溶々たる大江を俯瞰せる門は高き石築の台上に立てる重層楼にして正面三間側面二間屋根入母屋造瓦を以て葺く。

斗拱は上下層共に二手先詰組にして雄建の風あり、下層は高く床を張り四面に勾欄を繞らし上層の天井は二重虹梁を用ひたる屋根裏にして内外共に彩色を施し華麗の文様を作れり。此門形態荘厳にして江流に臨み威風堂々最も城門に相応せる外観を有す。

今の門は宣祖十年（皇紀二二三七年）（我天正五年）の再建にして其の後僅かに十五年にして所謂壬辰の乱（我文禄の役）あり我先鋒小西行長長駆大同江の対岸に達し攻撃一日にして城をおとし入れしが明の李如松の大軍に攻囲せられ激戦累日終に城をすて、退き去れり。爾来三百年の星霜をへて日清の役平壌は再び彼我対戦の巷となり、特に此の大同門は我大島旅団の正面攻撃の的となりしものなり。然るに此前後三回の攻防戦の焦点たりしにかゝはらず兵火の災を免れ無事に今日迄遺存せしは奇蹟といふべし。

朝鮮建築の一般的特徴

朝鮮の気候は冬期寒さが特に厳しきため其宮殿住宅は徹頭徹尾防寒的設備を有す。即ち温突（おんどる）と称して床下には煙道を通し煙道の上は板石を以て蔽ひ其上に土を塗り油紙を張り詰め床を温むる装置あり

尚室内の保温を有効にせんがために特に小室とし、窓の戸障子を三重にし間仕切障子を二重にし且天井を低くして紙張りとせり。

朝鮮の工藝

景福宮勤政殿寶座上後屏

勤政殿は内部宝座の上に後屏を置く。中央及左右に斗折せる袖より成り共に牡丹を内に透彫にせる多くの羽目に区劃せられ上には双凰左右には雲龍を刻み又笠木の端にはそれぐ龍首を刻み頂に雲中日の出の状を作り出せり。是等はすべて漆を塗り金箔を置き巧麗を極む。

勤政殿前銅鼎

勤政殿の基壇の前面左右石座の上に大なる銅鼎を安置す。蓋には宝花を透彫にして頂に龍首を作り出せり。鼎身は口縁広く頸ほそく腹大に上に蓮華を下に波濤文を浮彫にし両耳を有し三脚を以て支へらる。脚は上には獣首を表はし下には獣脚を刻めり。形態相当にまとまり技巧観るべきものあり

支那の建築

清太宗昭陵（北陵）

石坊（北陵）

清の太宗の昭陵は奉天府城の西北約十支里にあり、俗に北陵と称す。其の制度頗る太祖の福陵（東陵）に似たり。 順治八年皇紀二三一一年の營築なり。塋城の周囲には塼築の橋を繞らし南面に大虹門を開き其の前更に三間石坊を立つ。石坊は灰色の大理石よりなり中の間高く左右の間低く共に斗拱屋蓋を有し、 梁及び貫に繊巧なる彫刻を施し各柱の前後に擁して石獅を作りて控へとせり。 權衡整ひ技工亦精美なり。

石華表

大虹門を入れば先づ左右に石華表一対相対峙し次に石獅、 石獅豸（セキカイチ・きりん）石馬、石駝、石象等の列あり。

石華表は灰色の大石造りにして八角の基台の上に雲文を陽刻せる八角柱を立て頂

に龍を下に刻める寳珠を屈し承くるに蓮華を以てす。 柱の上部には浮雲の揺曳て柱にかゝれる狀を作れり。 柱脚の周囲には少しくはなれて八角の枎欄を繞らし其隅柱上には獸形を載す。

隆恩樓

石獸の列を過ぎて碑亭を經れば隆恩樓の前に至る。 樓の内に太宗の神位を安んずる隆恩殿あり。 殿の周囲には塼築の方城を繞らせるが隆恩樓は其南門に當り、高き塼築の基台上に三層の樓を起せり。 かゝる樓門は明以前の陵には見る能はず全く福陵（東陵）と共に清初の創作たり。 樓は各層方三間にして周囲一間通りを開放し、基台の中央には半円拱の門を開き上には女墻を繞らせり。 上層の屋蓋を入母屋造《イリモヤヅク》りとなし、 黄釉瓦（コウチウガ）を葺く。

基台の半円拱門の周縁には雲文を陽刻せる彩釉塼（サイチウセン）を繞らし、 其上部額の両旁に蟠龍を高肉彫にせる彩色瑠璃塼を用ひて蟠龍形、 唐草文など軒廻りに施されたる彩色と美しき対照を示せり。

隆恩殿

隆恩殿は高き基壇の上に立てる單層の建物にして基壇の前面に三陛の壯麗なる石陛を設く。

殿の平面は方五間にして周囲一間通り開放して中央の入口には花狭間の扇を用ひ両脇の窓には斜格扉を開けり。

三手先の斗栱二重垂木の軒を以て入母屋造りの屋蓋を承け屋蓋は尊くに黄瑠璃瓦を以てす

隆恩殿の基壇

灰色の大理石にて造られ其地覆、葛石《カツライシ》　腰羽目には洗錬されたる技工より成れる彫刻を施し、葛石の隅々には龍頭を刻み出し壇の上には亦纖巧なる手法を弄せる勾欄を繞らす。

基壇勾欄の意匠豊富にして手法亦精錬清初の侮る可らざる技倆を示せり。

喇嘛塔

清初太宗の崇徳八年（皇紀二三〇四年）奉天城外の四門外に勅して各一伽藍を立て永光（東）廣慈（南）延壽（西）法輪（北）と称し、喇嘛の相地術を用ひて毎寺白塔一基を立てたり。高さは九十尺塔身は蓮花座及三重の円座の上にありて肩最も廣く下方に向ひて其大さを減殺し正面の三葉状の佛龕（ブツガン）を作る。寶蓋には数個の風鐸を懸く。此塔は西藏の影響を受けたる喇嘛式より成り規模雄大手法又豪健清初此種の代表的遺作たり。

全部塼を以て築造し、表面に白亜を塗れるをもつて白塔の称あり。

支那の彫刻

北陵の石象

石象は豊麗なる装飾を施せる台座の上に在りて、　頗る寫實風に刻まれ技工上大に見るべきものなり。

北陵の石獬豸（せきかいち）

精巧なる彫刻を以て装飾せられたる台座の上に錦繍か布片を覆ひたる状を示せるものにして、是は前時代には全く無き所にして當時の創意なるものならん。

石獬豸は奇異なる風貌を有し、翼より變形せる唐草文様を腕の左右に有せり。

鮮満視察旅行會計報告。

松井敬一酉
小澤精一
倉澤清美
坂本正雄

收入之部

一金参千六百弐拾五円也

一人金百四拾五円宛廿五人分

一金四百八拾円也

東京府教育研究會補助金

計 金四千百五円也

支出之部

一金壱千八百八拾六円拾銭

汽車賃及急行料

一金壱千六百弐拾四円弐拾四銭也

宿泊料及其他食事料
並ニ心付（船中心付ヲ含ム）

一金参拾四円九拾五銭也　赤帽代、列車ボーイ心付等

一金弐百四拾九円八拾銭也　自働車、馬車、電車、人力車賃

一金参拾七円六拾参銭也　出発準備費及諸印刷費・諸通信料（名刺・礼状ヲ含ム）

一金四拾九円四拾八銭也　写真代

一金参拾八円九拾銭也　拝観料及入場料

一金参拾七円也　土産物及雑費（報告編輯費ヲ含ム）

一金弐拾七円六拾銭也　報告書一部弐拾六銭宛百二十部

計金参千九百八拾五円七拾銭也

差引残高金百拾九円参拾銭也

朝鮮地方制度視察報告書

臺灣地方自治聯盟

朝鮮地方制度視察報告書

目次

朝鮮地方制度視察報告書

一、序　言

臺灣は朝鮮に比べて財政、教育、文化等有らゆる點に於て勝つて居るにも拘らず獨り政治上の施設が遙かに朝鮮に劣つてゐる。その最も顯著なる例は地方自治制である。朝鮮は大正九年第一次齋藤總督の手に依つて地方自治制が敷かれ、更に昭和六年第二次齋藤總督に依つて地方自治制の改革が斷行された。

斯くして官選議員が民選議員に置き換へられ、諮問機關が決議機關に變り、今や全く面目を一新して內地の現行制度に接近した地方自治制が施行さるゝに至つたのである。然るに臺灣は大正九年故田總督に依つて施行された現行制度を墨守し、十四年間一日の如く、官選議員に由つて組織したる諮問機關を繰返して未だ曾つて何等の改善をも見ないのである。斯る不完全極まる制度の改革を要求すべく我が臺灣地方自治聯盟は過去三年間地方自治制確立の單一目標の下に奮闘して來たのである。而して朝鮮と臺灣は日本の殖民地としてその立場を同じくし、地方自治制の事に關しては朝鮮は臺灣に先立つて施行せられてゐる關係上、朝鮮全般の實情を知り、更に進んで地方自治制度運用の實際に通ずることは臺灣に於ける改革運動上他山の石となるべきところ多々あると信じてゐる。

斯るが故に朝鮮視察は我が地方自治聯盟年來の懸案である。この懸案を解決すべく、我等一行は理事會の決議に基き、前述の意圖の下に朝鮮へ派遣されたのである。最初は去年の四月に出發すべき筈であつたが、時局の變遷や個人的事故の爲めに延期を余儀なくされ、遂に去十月四日始めて旅程に就くことが出來たのである。我々一行は十月七日の午後六時半釜山に上陸し、仝月二十八日の午前八時半同じく釜山より乘船するまで、前後三週間に亘り朝鮮各地を歷訪したのである。先づ釜山、大邱、京城、元山、咸興、開城、平壤、新義州等、朝鮮に於ける主要の大都市を一通り訪問し、更に大邱からは慶州、京城からは永澄浦、南面、金剛山、平壌からは柴足面等の地方部落へも行脚したのである。短期間であつたにも拘らず比較的多くの地方を見學し得たことは、偏に朝鮮總督府内務局の好意に依るは勿論のこと、各地の内鮮官民諸氏の援助に預ること亦多大である。本稿を起草するに當り當時の情景が新たに記憶に還り、親切の數々が身に泌みて轉た感激に堪へないものがある。謹んでこゝに感謝の意を表する次第である。

二、朝鮮現行地方自治制度

1　地方制度の沿革

日韓合併當時に於ける地方制度は頗る複雜で、地方行政機關たる道、府、郡、面の外に是れと對立した警察及財政の兩機關あり、居留内地人の行政を主管する理事廳あり、外人機關あり、その他にも種々府の機關が錯綜してゐた。そこで併合に際し地方官々制を制定するに當つて、各郡面の行政區域は大體舊制を踏襲し、只だ道に財務部を設置し、府郡をして財務をも分掌せしめた。斯くて併合以來朝鮮の最下級の行政區劃として府及面があり、府は市街地、面は村落地方に於る行政官廳として一般行政事務を處理すると同時に府制及面制の施行に依り區域內の公共事務を處理する地方團體である。又別に敎育事務を處理する爲め內地人側に學校組合なるものあり、朝鮮人側に學校費あり、其の外水利、灌漑の事務を處理する爲めに水利組合があつたが、此の內稍自治體の態様を備ふるは學校組合及水利組合のみで其の他に在りては從來民意を參酌すべき機關を具備せず、僅かに府に協議會指定面に相談役があつて府尹、面長に對する諮問機關の用を務めて來たが協議會員又は相談役はその員數少く、且皆政府が任命した者であるが故に民意を暢達する機關としては不十分であつた。又道に二三名、府、郡、島に一名の道、府、郡、島參事を置き道知事、府尹、郡守、島司の諮問に應ぜしむるの制度を採用したが是亦政府の任命に係り民意を反映せしむる上に遺憾の點が尠くなかつた。仍て大正九年地方制度の改正に當り道に道評議會（定員十八名乃至三十七名、其の三分の一は官選、三分の二は府面協議會員を選擧人とする間接選擧式の方法に依つて選任）、府及面には府面協議會（各府面人口の多寡に依り、八人乃至三十人を定員とし、府竝朝鮮總督の指定する面では之を民選とし、其の他の面は官より任命す）、學校費に學校費評議會を設けた（以上何れも諮問機關）。更に昭和五年に大改正を加へ道制を制定し朝鮮總督の指定したる面を邑に改め、府協議會及前記の面に於ける面協議會を特に府會及邑會に改め、之を議決機關にした。且つ學校費及學校組合を廢して之を府に統一し、第一部特別經濟及第二部特別經濟と爲し、道府會及敎育部會に副議長を置き（議長は知事及府尹）從來任命の方法に依る面協議會員及學校費評議會員を民選に改め、道制を除くの外昭和六年四月一日より之を實施し、更に昭和八年四月一日より道制も實施されたのである。

2　道　制

道制實施　朝鮮に於ける地方制度の改正は上述の如く、道制を除く外昭和六年四月一日より實施せられたが、府、邑、面制施行の成績良好と見て道制施行規則は昭和八年二月一日朝鮮總督府令第十四號を以て公布され、愈よ同年四月一日より實施されたのである。

道の性質　道は官の監督を承け、制令の範圍內でその公共事務を處理し、且つ法律、勅令及制令（臺灣に於ける律令に相當するもの）、に依り道に屬する事務を處理する能力を有する法人である。（道制第一條）從つて內地の府縣と其能力を略々同うすることになつてゐるのである。

道會の組織及議員の任期　道會は議長及び道會議員を以て組織し、議長は道知事を以て之に充てる。（同第五條）議員の三分の一は官選にして三分の二が民選、（同第七條及第十條）官選議員の任期も民選議員と同樣任命日附の如何に拘らず、總選擧の日より起算し均しく四ヶ年である。（同第十一條）

選擧權及被選擧權　道制第八條に依り道會議員の選擧は各選擧區に於て府會議員、邑會議員、各面協議會員が之を行ひ、各選擧區で選擧すべき議員の配當に關して必要なことは總督が之を決定することになつてゐる。又同九條に依り年齢廿五才以上の男子にして獨立の生計を營み、一年以上道內に住む者は其道で被選擧權を有す。但し(1)禁治產及準禁治產者、(2)破產者にして復權せざるもの、(3)六年以上の徵役又は禁錮以上の刑に處せられたるもの、(4)六年未滿の徵役又は禁錮の刑に處せられ其の執行を終り又は執行を受くることなき狀態に至る迄での者、(5)現役軍人、(6)道內各官吏員及有給吏員で在職中の者、(7)道內邑面長、(8)在職判檢事及警察官、(9)小學校普通學校(臺灣の公學)教員で在職せる者等を除く。(同第九條)

道會の議決權　道會の權限中最も重要なる權限は左に列擧する如し。

一、歲入出豫算を定むること(道制十二條)

二、歲入出豫算追加の更正を爲すこと(施行規則七十一條)

三、決算報告に關すること(道制十二條)

四、法令に規定するものを除く外、道稅、夫役現品使用料又は手數料の賦課徵

収に關すること（同前）

五、道債を起し並に起債の方法、利息の定率及償還の方法を定め又は變更すること（同前）

六、基本財産及積立金等の設置、管理及處分に關すること（同前）

七、繼續費を定め又は變更すること（同前）

八、特別會計を設くること（同前）

以下略

道會自體に屬する權限

一、副議長及假議長の選擧（道制十三條）

二、道の公益に關する事件に付意見書を道知事其他の關係官廳に提出することを得（同十四條）

三、道會は官廳の諮問ある時は答申を爲すべき義務を有する（同十五條）

四、道會は其の權限に屬する議決權の一部を道知事の專決處分に委することを

得（同二十九條）

道知事の權限　道の事務に關する道知事の權限は比較的廣汎で、府邑面に於ける府尹、邑面長の權限と其の異る點多く、府邑面に於ては自治立法權を認められてゐる爲め、住民の權利義務又は府の事務に關する府條例又は邑面規則は團體自體に制定權があるのであるが、道に在りては自治立法權を認めないので團體の事務に關する立法權は總て道知事に在り、昭和四年府縣制改正前に於ける內地府縣の制度と同樣である。從つて道會は道の事務に關する道知事の立法事項の內容を爲すべき個々の事件に付ては、議決權を持たない。道會では、道の事務に關し道知事の發する道令其のものの議決權を有せず其の道令の內容を爲す事件、例へば稅の稅目、稅率、賦課の方法、使用料、手數料の新設變更、過料を科するの規定等々に付てのみ議決權を有するのである。故に道知事は其の內容たる議決事項を除くの外は道令に付て議決の拘束を受けない。

一、道知事は道を統轄し、道を代表するの權限を有す（道制二十條）

二、道知事は道會の議決を經べき事件に付其の議案を發し、其の議決を執行する權限を有す。(同前)

三、道に有給の吏員を置くことを得、道知事之を任免す。(同三十條)

四、道知事は道會に對する監督權を有し、道會の反省を求め又は道會の議決又は選擧を取消すことを得(同二十三條)

五、道會の議決を經べき事件に付き道知事は朝鮮總督の指揮を請ひ又は其の指揮を請ふことなくして之を處分することを得るものがある。其の處分は即ち道會の議決に代るべきものなるが故に所謂代議決である。(同二十五條)

六、道會の招集並に開閉は道知事の權限である。(施行規則三十五條)

七、道知事は期日を定めて道會の停會を命ずることを得(道制二十八條)

八、道會議員の選擧は道知事の告示に依り之を行ふのである。(施行規則五條)

以下畧

3　府　制

府の性質及構成　（一）府は官の監督を受け法令の範圍内に於て其の公共事務及法令に依り府に屬する事務を處理する法人である。（府制一條）府內に住所を有する者を其の府住民とす。府住民は府の營造物を共用する權利を有し、府の負擔を分擔する義務を負ふ（同五條）。然し乍ら住民たる資格より生ずる法令上の効果たる公民權即ち府會議員を選擧するの權及之に選擧せらるゝの資格は未だ著く制限せられてゐる（同九條十條）。（二）府は府住民の權利義務又は府の事務に關し府條例を設くることを得。（同第六條）（三）府は其の事務を行ふ爲めに必要なる費用及法令に依り府の負擔に屬する費用を支辨する義務を負ひ其の支出に充つるが爲めに一定の財力を有することを認められる。之所謂府の自治財政權である。（同三十六條）

府會の構成　府に府會を置き議長及府會議員を以て之を組織す。議長は府尹を以て之に充つ。府會議員は之を選擧す。（同第七條）

府會議員の選擧權　帝國臣民たる年齡二十五年以上の男子にして獨立の生計

を營み一年以來朝鮮總督の指定したる府税年額五圓以上を納むる者は、其の府に於て府會議員の選擧權を有す。（同九條一項）府會議員の選擧權を有する者は被選擧權を有す。但し身分又は職業上の理由に基き、(甲)所屬道及當該府の官吏及有給吏員、(乙)判事檢事及警察官吏、(丙)小學校及普通學校の敎員は之を除斥せらる。仍滯納處分中の爲選擧權を行使する事を得ざる者は被選擧權を有せず。（同十條）

府會議員選擧の種類　總選擧、再選擧、補缺選擧、增員選擧の四種とす。總選擧は每四年の定期改選、府會解散の場合に於て之を行ふ。（同十一條六十二條）總選議員の法令上の地位として府會議員は名譽職とす。其任期は四年とし總選擧の日より起算す。（同十一條）

府會議員の定數　(一)人口三萬未滿の府二十四人。(二)人口三萬以上五萬未滿の府二十七人。(三)人口五萬以上十萬未滿の府三十人。(四)人口十萬以上の府三十三人。人口十萬を超ゆる府は人口五萬を增加する每に議員三人を增す。

人口は總督の定むる所に依る。議員の定數は絶對不可動に非ず、總選擧の場合或は人口著しく增加したる場合に於て總督が必要と認むる時は定數を動かすことを得。内地人議員及朝鮮人議員の數は何れも定數の四分の一より下ることを得ず。（同第八條）

府會の權限　（一）法令その他の規定に依り議決をなすの權。（同第十三條）（二）選擧を爲すの權。（同第十四條）（三）意見を提出するの權。（同第十六條）（四）行政を監査するの權。（同第十五條）

敎育部會　改正府制にあつては從來朝鮮人の初等敎育の費用を支辨する學校費及内地人の義務敎育の費用を支辨する學校組合の制度を廢止して府の事務中に加ふることゝなつたが朝鮮に於ける特殊事情は敎育に關し未だに内地人と朝鮮人とを同一制度の下に之を統一する域に達せず、又就學者の普及の程度も今尚若干の逕庭がある。故に之が敎育制度を分別すると同時に其の費用の負擔をも別々にしてゐる。卽ち府の經濟中、内地人敎育を目的とするものと朝鮮人敎育を目的とするものとは各々之を特別經濟として一般經濟より分別し（府制五五條）其の負擔に付いても內地人敎育を目的とする特別經濟に於ては之を內地人に朝鮮人敎育を目的とする特別經濟に在りては朝鮮人に之を賦課すること〻し（同五六條）其の會議も亦一般府會とは別に特別經濟に關する事件を議決する爲め第一敎育部會及第二敎育部會を置き、第一敎育部會は議長及內地人たる府會議員を以て、第二敎育部會は議長及朝鮮人たる府會議員を以て之を組織し、夫々所屬の特別經濟に關する事件を議決する。（同五七條）

4　邑　面　制

邑面の性質及構成　邑面は最下級の普通地方團體である。邑面內に住所を有する者を邑面住民とする。邑面住民は邑面の營造物を共用する權利を有し邑面の負擔を分擔する義務を負ふ（五條）。然し乍ら住民たる資格より生ずる法令上の効果たる公民權即ち邑會議員又は面協議會員を選擧するの權利及選擧せらる〻の資格は未だ著しく制限せられてゐる（九條）。邑面は法人とす。官の監督を受け法令の範圍內に於て其の公共事務及法令に依り邑面に屬する事務を處理するところの人格たることを明にし、且つ公共事務を處理する旨を積極的に規定せられてゐる。邑面は新制度に依りて行政權而已ならず、所謂自治立法權即ち自主權をも附與せらるゝに至つた。邑面は其の事務を行ふに必要なる費用及法令に依り邑面の負擔に屬する費用を支辨する義務を負ひ、其の支出に充つるが爲めに一定の財力を有することを要す。

邑面及面協議會の構成　邑に邑會、面に面協議會を置く。邑會は議長及び邑會議員を以て面協議會は議長及び面協議會員を以て組織す（十七條）。邑會の議長は邑長を以て面協議會の議長は面長を以て之に充つ（七條）。邑會議員及面協議員は之を選擧す。

選擧權及被選擧權　府會議員の場合と畧同樣。

邑會及面協議會の權限　邑會は邑の議決機關なるも面協議會は面長の諮問機關たるに過ず。（一）邑會が法令に依り其の權限に屬する事件の外邑に關する事件に付ての議決事項及面長が法令に規定するものの外面に關する事件に付き面協議會に諮問すべき事項として邑面規則を設け又は改廢すること。(二)歲出入豫算を定むること。(三)決算報告に關すること。(四)邑面債を起し並に起債の方法、利息の定率等に關すること。(五)法令に規定するものを除く外邑面稅、夫役現品、使用料又は手數料の賦課徵收に關すること。(六)面會議員及面協議會の選擧に關すること。(七)行政監査に關すること但し面協議會にはこの權限を有せず。(八)意見書提出に關すること以下畧。

學校費　普通學校その他朝鮮人敎育に關する費用を支辨する爲めに郡島に學校を設く。即ち一面一校は現在では成立困難なので、それ迄の便法として郡島の區域を以てその區域內に適當の位置に普通學校を設置し之が費用を支辨する爲めに特別の團體を設置してゐる。而して學校費に關して郡守又は島司の諮問に應ぜしむる爲に學校評議會を設け議長及學校評議會員を以て之を組織し、郡守又島司を議長とする。又評議會員の選擧者は各邑面の朝鮮人の邑會議員又はは面協議員である。被選擧者は府邑會議員面協議會員と殆んど同樣である。學校評議會の權限は諮問に應ずる權。意見書を提出する權である。

學校組合　學校組合は郡島邑に於て內地人の敎育に關する事務を處理する社團である。即ち公共團體であつて地方團體ではない。併しその目的たる事業は本來地方團體の權能に屬するものであるから性質機能もそれに好く似て居り、只だ構成に於て地方團體と區別される。從つて組合が一旦成立した時はその區域內に居住する者は當然其の組合員となり、新來者も亦同樣である。學校組合に組合會を置き、定員六名以上十八人迄の組合會議員を選擧す。選擧人及被選擧人の資格は組合規約で定むることになつてゐるが總督府の訓令學校組合規約準則に依れば、年齡廿五才以上の男子で獨立の生計を營み、何月以上引續き組合費(何圓以上)を納むるものは選擧權を有すとなつてゐる。選擧權を有するものは同時に被選擧權を有す。組合の權限は各種議決權、意見書提出權、行政を監査する權である。又組合の理事が之を任命するが純然たる公吏で名譽職たるを原則とし、官吏たる府邑面の理事機關とは異なる。組合管理者の補助機關として有給又は名譽職吏員を置くことが出來る。

以上は朝鮮現行の地方制度の大畧を紹介したに過ぎない。詳細は附錄の條文を合せて御一讀を願ひます。

三、朝鮮の經濟狀態

1　貧困の原因

臺灣總督府の財政は明治三十八年既に一般會計より補充金を受けずに獨立して來たのみならず今では却つて年々莫大なる金帛を母國政府に貢献してゐる。然るに朝鮮は今日尚毎年二千餘萬圓の補助金を母國政府に仰がねば財政を賄つて往けない狀態であるこれは臺灣と朝鮮の經濟的に最も著しい差異の存するところである。

朝鮮民衆の貧困は吾人の屢々耳にするところであるが今回實地に見聞したそ

の窮迫の狀態は全く想像以上のものがあつた。其の原因を求めば勿論種々の理由があるであらうが、天惠の薄き點と、李朝五百年の惡政の流毒が恐らくその最も重要なる原因ではなからうか？。

地質及氣象　地質は大體に於て花崗岩類、玄武岩類、片麻岩類、古生層、第三紀層、洪積層、沖積層に別れてゐる。農地として最も重要なものは沖積地であり、河流の沿岸にある低地を包括して、概ね壤土質の沃土をなし、既墾地の多くはこの區域內に存在する。沖積地に次いて廣く且つ關係の深い地質は、花崗岩類片麻岩類、古生層で殊に片麻岩の露出面は區域廣大にしてその區域內に存在する耕地は埴壤質又は砂礫質であり、地力は薄弱である。殊に古生層は石灰質粘板岩の風化より成る埴土多く、地味極めて劣等である。

朝鮮の氣候は一般に大陸の影響を受けて所謂大陸性氣候を呈し、寒暑ともに酷烈で、春秋の季間短く、又晝夜氣溫の較差大で國境地方は特に變化が急激である。年平均氣溫は南部海岸は攝氏十三度餘で北進に從ひ次第に遞減し、中央部は十度内外で國境附近では四度乃至三度となる。農作物は夏季の溫暖なる期間に一代を終る作物は良く生育するに反し、越冬を要する作物は寒氣に對する抵抗力の强いものの外栽培が不可能である。山岳に森林尠く、水源を涵養することが困難であるから夏季日照時間の長い時は動もすれば旱害を蒙る恐れがある。而己ならず盛夏の多雨季には洪水に襲はれる憂ひがある。

農產物は主として米、麥、豆類であつて就中米穀はその大宗を爲してゐる、氣候の關係で全鮮殆んど一毛作である。

農民の生活狀態　農民は全人口二千萬の八割三分を占め、農產物は總生產額の六割餘を占めてゐる。然るに農民の內約八割は細農階級（自作兼小作及純小作）である。換言せば全人口二千萬の約六割五分は細農階級である。而かも彼等は何等の資力をも有せず、且つ敎育なく、從つて自力に依り農業各般の改善向上を圖ることが出來ない。唯徒に舊習に捉はれ極めて低級な原始的生活に甘じ、僅か一錢の銅貨でさへ所持せぬ家も相當在り、又一般に高利の負債が逐年増加し、年年食糧の不足さへ訴へ、殊に春窮期の如は野生の草木で辛じて一家の餓死を淩いてゐる實狀である。拓務省の調査に依ると、昭和五、六、七三ヶ年間に於ける內地の一人當米の消費量は一石七升三合であるが、朝鮮のそれは僅かに四斗七升三合に過ぎず內地の其れの半分にも當つて居ない。然しこれは統計上の數字であつて事實一般の細農階級の食糧は大抵滿洲から輸入された高粱大豆等にてその一部を充し、其の不足分は松の皮、木の芽等を採集して代用食に供してゐる有樣で米を消費することは極めて僅少である。

農業人口　（昭和六年度）（拓務省發行拓務統計）

地名	戸數 自作	戸數 自作兼小作	戸數 小作	人口 總數	備考
朝鮮	△二三、〇一三 五七〇、二七〇	●四一、三一三 八五三、七七〇	一、三九三、四二四	一五、六三六、〇二四	△印地主ニシテ全般耕作セザルモノ ●印ハ火田民ヲ示ス
臺灣	一一八、九七六	一三七、九四四	一六七、九四〇	二、五八三、三五九	

土地制度　朝鮮の土地制度は歷史を顧るに新羅、高麗朝時代は元より、李朝

時代に於ても依然として公田制の儘で、國家が個人の私有を認めたことなく（領臺前の臺灣も同様）田主は土地を私有せず。唯土地の收益權を占有してゐるのみであつた。然るに漸く社會經濟の進展につれ、李朝最末期の高宗時代に至つて封建社會の劃然たる崩壞と共に結果として、土地登記法を輸入して從來無稅の公田は民有地となし、有稅地たる一部私田も民有地となつた。斯くて始めて土地私有權が確立され、從來の田主と佃人の主從關係はその形態が變じて地主對小作人の貸借關係となり、封建的土地公有制は完全に消滅したが昔から佃夫に對し搾取を恣にした遺習だけは今も尚地主間に殘存して今日の小作慣行を成してゐる。而して高宗時代の小作制度と言つても小作料に一定の標準がなく、小作年限もまた規定せられず地主、舍音などが只管苛斂誅求を恣にし私腹を肥してゐたもので現今の農村組織もそれに若干自由契約的な假裝をしてゐるに過ぎない。

小作慣行　前述の如く小作方法に關しては從來一定の制限なく、唯古來の慣習に依つて行はるゝ狀態であつて耕作期以外は何時たりども地主の一方的意思を以て小作人を變更し、地稅其他の公稅公課は形式上は地主の負擔なるも、實際に於ては小作人に轉嫁されること多く、又各種の名目の下に無償勞役を强要されてゐる。地主の多くは所謂不在地主であつて直接に土地の管理を行はず、舍音と云ふ管理人を置くが故に舍音が濫りに其の地位を利用して私利を圖り其の弊害頗る大である。その爲め小作人の生活の安定を奪ひ、小作地の生産增殖を防ぐること甚しいものがある。小作料の徵收方法は定租法（豐凶如何に拘らず一定額の小作料を取るもの）、執租法（作物の刈取前に地主小作人双方立會の上收穫高を檢點して分配を定めるもの）、打租法（收穫物を全く折半收得するもの）等であるが、何れにしても地主側の收入は其の五割以上を占めるものである。

耕地面積（昭和六年度）拓務統計（單位ヘクタール）

地名	總數	田	畑	農家一戸ニ付キ		
				總數	田	畑
朝鮮	四、三四八、二七四、三三	一、六一五、五一六、二六	二、七三二、七五三、〇〇	一・五四	〇・五七	〇・九七
臺灣	八一〇、二六〇、二八	三九八、七〇〇、六七	四一一、五五九、六一	一・九五	〇・九六	〇・九九

農家の負擔　拓務省の調査に依ると朝鮮農民の負擔して居る高利債は約六千萬圓になつてゐる。之れは主として細農階級の負擔と見做すべきであるから平均一戸當三百圓前後の負債を有してゐる譯である。而かも之等は何れも三割乃至五割の高利を支拂つてゐるからその負擔は實に莫大なものである。

以上述べたところに依つて朝鮮の農民は極度の貧困に陷つてゐることが容易に理解せられると思ふ。而かも全人口の八割三分餘を占めてゐる農民の窮狀が尙且つ斯の如しであるとせば、其の他の工業勞働者、漁民並に所謂自由勞働者の生活は蓋し想像に余りあると云はねばならない。

惡政の流毒　朝鮮民衆の貧困の理由としてその先天的に貯蓄心に乏しいことをも擧げ得ると思ふ。一般民衆はその日〳〵の生活さへ事缺かねばそれで滿足してゐて明日は又明日になつてから考へやうと云つた極めて絕望的な或る意味に於ては樂天的な生活態度を示してゐる。余計に働いて余分の蓄財を殘さうとする氣風が非常に乏しいやうに見受けられる。これが李朝時代の永年の惡政の祟りであると思へば今更乍ら悪政の恐しさが身に迫つて來る。即ち李朝時代に於ては政綱大いに紊れ、權臣跋扈して黨爭息まず、役人が苛斂誅求を恣にして人民が全く塗炭に苦んでゐた。金を持つてゐると睨まれたら最後役人は如何なる手段に訴へても必ずそれを捲き上げなければ承知しない。下手なことをすると生命まで取られる。故に朝鮮には「蓄財は身を亡す本」と云ふ諺がある。斯様な悪政は月進み歳重つて知らず識らずの内に國民の精神生活を壓迫し、遂に一種の諦めとなつて生活に對する希望を失ひ、只管その日その日の生活を安易に暮らすことをのみ念とし家族のパンも子孫の生活も更に顧みない悲しむべき絶望的な生活態度を馴致して來たのである。斯くして勞働を厭ひ、安樂を貪る心理は一切を支配して、元より餘裕のない朝鮮民衆の經濟生活を一層貧困ならしむることは極めて當然の成行である。

2 納税其他の負擔より見たる朝鮮人の經濟的能力

朝鮮人の經濟的に困憊してゐることはその納税の負擔能力に依つても之を立

證することが出來る。先で國税の負擔額を見るに臺灣では一人當三圓八十二錢四厘になつてゐるが朝鮮では僅か一圓九十九錢三厘しかない。勿論植民地の税制は間接税に重きを置てゐるから國税の負擔額のみを以て標準となすことは出來ない。然し臺灣と比較して著しく少額であることは少なくとも臺灣と比べて負擔能力が薄弱であることが肯かれる。

更に地方税を比較して見るに朝鮮では府、邑面を通じて一人當りの負擔額は僅か一圓六十一錢六厘に過ぎないが臺灣では市、街、庄を平均して一人當り四圓五十六錢四厘になつてゐる。臺灣に於ける本島人の負擔は國税、地方税を通じて人口一人當り八圓三十八錢八厘になるが朝鮮のそれは僅か三圓六十錢九厘に過ぎない。本島人の負擔は丁度朝鮮人の負擔の約一倍半に相當する譯である。尚臺灣では種々の寄附金の名目の下に年々多額の出捐をしてゐるが朝鮮では餘程の都會地でもなければ政府の方針としてはなるべく地方民から寄附金を取らぬことにしてゐる。勿論朝鮮人の經濟狀態より見て事實出し度くても出す金のありやうもないからでもある。

3　地方團體の財政

朝鮮に於ける地方團體の財政は一般經費と教育費とに區別されてゐる。即ち府に於ては教育費は第一特別經濟（內地人）、第二特別經濟（朝鮮人）として一般經濟より獨立し、邑面に於ては學校組合（內地人）及び學校費（朝鮮人）と云つて別箇の法人團體として獨立してゐるからこゝでは專らその一般經費に就いて述ることにする。

地方團體の內、府は臺灣の市に相當するもので朝鮮に於ける文化の最も進んだ都會地である丈その近代的施設も比較的に行き屆いてゐるからその歲計は略臺灣の市と大差はないが邑、面（即ち臺灣の街庄）になると臺灣に比べて大變劣つてゐる。朝鮮の邑は四十九、面は二千四百十五、その歲計の總計は二千三百三十九萬八千四百八十圓になる。平均一邑面の歲計は九千四百九十六圓に過ぎない。所が臺灣では二百五十九街庄でその歲計の總額七百五十萬一千零八圓（教育費を除く）平均一街庄の歳計は二萬八千九百六十一圓になつてゐる。丁度朝鮮の三倍四强に當る譯である。勿論朝鮮の邑面の人口は臺灣に比べてずつと少い。臺灣の街庄は平均一萬四千七百七十三人あるが朝鮮の一邑面は平均七千六百四十人に過ぎないから丁度臺灣の半分に當る。然しそれにしても朝鮮の邑面の歳計は臺灣のそれに比較して甚だ貧弱であることは明かである。斯樣に一邑面平均一萬圓足らずの豫算を以てしては到底思ふ樣に施設することは出來ない。事實邑面の豫算はその殆んど半分は事務費（諸給與）に取られ、殘りの半分即ち四五千圓を以て土木、衞生、選擧其他百般の經費を支辨するのであるからその窮屈の程は想像に難くない。斯るが故に役場の建物等は實に粗末そのもので大多數は古い寺院、廟宇をその儘何等の改修も加へずに使用してゐる。（朝鮮では獨り邑面の役場のみならず道廳でも郡役所でも多くは舊韓國時代の斯る種類の建物を利用してゐる）。吏員も經費の關係で充分に雇傭することが出來ず少數の人員を以て全部の事務を處理して往かねばならないから吏員達は實に一生懸命である。我々の參觀した京城附近の南面などは一年中の半分位は夜業しなければ間に合ないといふ程である。

以上は朝鮮今日の經濟狀態特に地方部落の經濟狀態の大畧に就いて申述べたが、勿論短期間の視察であるから調査せるところは詳細を缺く恨が多々あるも、大體に於て朝鮮今日の多數の民衆の經濟的能力を判斷することが出來ると同時にそれが我が臺灣に比較して如何に貧困してゐるかを窺知することが出來ると思ふ。

四、朝鮮の教育狀態

1　教育一班

在來の教育　從來朝鮮に於ける教育機關としては、各地に散在してゐる初等教育を授くる無數の書堂又は書房と名づくるものがあり、各部に一校若くは數校の中等教育を施す鄉校なるものがあり、更に京城には最高唯一の學府として成均舘と稱するものがあつた。書堂又は書房を卒へた者は鄕校は入り、其の業を卒へた者は更に進んで成均舘に進むの順序となつてゐた。當時の學問たるや範を明淸に取り經學の研究を主とし科擧に應じて官吏に登庸せらるゝを目的としたものであるが其の敎育方法は句讀の暗誦を旨とし、進んで訓詁を講じ、詩文を作るのを專らにしてゐて全く時世と實用とを離れたものであつた。この點改隷前の臺灣とよく似てゐる。其の書堂は今日に於ても猶其の數が一萬に昇り、學童十五萬もある。總督府當局も種々な事情で今遽かに之を廢止することの出來ないものとして存續せしめてゐる。

併合後の敎育　明治四十三年日韓併合後は朝鮮の敎育制度に根本的改正が行はれ、同四十四年八月朝鮮敎育令が發布せられ、その實施によりて敎育機關の整頓、內容の充實等全く面目を一新した。更に大正十年內地及朝鮮に於ける敎育界の專門大家を網羅して敎育調査委員會を設け、從來の敎育制度に一大刷新を加ふべく審議調査の結果、同十一年二月新たに朝鮮敎育令が公布せられ、其の年の四月一日より實施せらるゝに至つた。此の教育令は普通教育、實業教育、師範教育、專門教育及大學教育の五種について規定せられ、大體內地の教育制度と同一の制度が確立されたのである。唯朝鮮に於ける特種の事情上、國語を常用する者と然らざる者との教育は自ら差異がなければならぬ。殊に兩者の間には風俗習慣も自ら異る所があるから普通教育に付ては此の二者に對し學校を區別することゝ爲し、國語を常用する者(內地人)に對する普通教育は小學校、中學校及び高等女學校とし、國語を常用しない者(朝鮮人)に對する普通教育は、普通學校(臺灣の公學校に相當するもの)、高等普通學校(臺灣の中學校)及び女子高等普通學校(臺灣の高等女學校)としてゐる。併し家庭の事情修學の便宜、又は將來生活上の必要等の特別の事情がある場合には、兩者相互に入學し得るの道を開いてゐる。實業教育、專門教育及大學教育は大體內地と同一制度であつて總べて內鮮人共學である。師範教育は內地に於けるものと相違せる點が無いではないが是亦內鮮人共學の制度である。此等諸學校は內鮮諸學校との入轉學に關する聯絡も認められ、文官任用令上の特權も亦內地同樣の取扱を受けてゐる。

今朝鮮敎育の特有なる點を擧げて見れば普通敎育中の初等敎育に小學校と普通學校とあつて、前者は內地人本位のもの、後者は朝鮮人本位のものである。小學校は內地のものと全く差異がないが、普通學校は尋常小學校と同樣修業年限を六年にはしてあるが、土地の情況に依つて五年又は四年とすることが出來る點と、國語よりは寧ろ朝鮮語を常用語とし、且つ國史中朝鮮の變遷に關する事項の大要を授くる點とが相違してゐる。尋常小學校の上に二年の高等小學校があるやうに、普通學校の上に二年の高等科を置くことが出來る。次に普通敎育の中等學校には、內地人本位の中學校と高等女學校とあり、又朝鮮人本位の高等普通學校と女子高等普通學校とある。中學校、高等女學校の學科課程修業年限は內地に於けるものと何等異なる所がなく、又國語を常用するものであることも勿論であるが、たゞ共に朝鮮語を隨意科目として加へられてゐるところは我々の注目に値するものである。

實業教育、專門教育、大學教育は內地に於ける此の種の學校と同一であることは既に述べた所であるが、只だ大學の豫備教育に付ては高等學校を以てせずして、大學豫科を置くことゝしてゐる。それから師範教育は其の入學資格を內地同様に高等小學校卒業程度とすることは朝鮮の現狀に適しない所があるから尋常小學校又は修業年限六年の普通學校卒業程度で入學せしめると共に其の修業年限を延長して、男には六年、女には五年の教育を施すことゝしてゐる。

2　初等教育の現狀

就學步合　朝鮮に於ける初等教育の學齡兒童の就學步合は今日尙以て二十パーセントに過ぎない。臺灣の三十五パーセントに比較すれば甚だ低いものである。勿論その向學心が臺灣人程熱列でないことも一つの原因であるに違ひないが大體朝鮮の財政を以てその全部を收容することは到底出來得る相談ではない。

一面一校計劃　初等教育は大正八年度より三面一校即ち三ヶ面に一つの普通學校を立てるの計畫を立て、大正十一年度に之が計劃を完成し、爾來地方財政の許す範圍内に於て之が設置に努力した結果、昭和三年度には既に二面一校に達した。更に昭和四年第二次齊藤總督の手に依つて一面一校の計劃が立てられ向ふ八ヶ年間に於て各面に一校づつを設置し、教育の普及に全力を注ぐ事になつた。現在全鮮を通じて官公立普通學校一千八百九十一校（その内官立二校）、その生徒數四十八萬九千六十三名、私立普通學校八十校その生徒數二萬四千五百六十三名（以上昭和七年末現在）である。臺灣では本校分教場合せて七百六十二校もあるから市街庄平均一地方當二校以上になるが朝鮮では府邑面を通じて一地方一校としても尚且つ五百以上の地方に學校の設立がない譯であるからその普及の狀態は甚だ臺灣に劣つてゐると云はなければならない。

初等教育（昭和七年度）

地名	學校數	教員數	兒童數
朝鮮	一、八九一	九、四九二	四八九、〇六三
臺灣	七六二	五、五五八	二九一、九九〇

3　社會教育

國語の普及　何れの國でも其の新領土や植民地を統治するに當つては先づ國語の普及に依りて其の目的を達せんとしてゐるが、朝鮮に於ても國語の普及が社會教育の先鋒を務めてゐるやうである。朝鮮人はその漢字を使用してゐる點や、その言語が畧國語と同じ系統であるが爲めに國語の習得は比較的容易のやうである。殊に朝鮮人の立場より見るも、國語を解せざれば中等教育を受くることも困難であり、其の最も希望する所の官公吏となることも出來ず、銀行會社員や商店員にも不向であり、又自ら商工業を營むにも、勞働に從事するにも極めて不利益なるを以て、普通學校の出身者以外に在つても勢ひその生活の必要上國語解得の急務を自覺して來るから國語の習熟者は日々增進してゐる傾向である。然しこれは都會地の事であつて大多數の農民層はその日〳〵のパンに追はれてゐるから國語の習得などを考へてゐられない狀態である。

新聞雜誌　現今朝鮮内に於て發行する新聞雜誌の數は、國語を用ふるもの新聞二十九、雜誌三、英文を用ふるもの新聞一である。尙此の外に内地、滿洲、中華民國其の他の外國より來る新聞雜誌もある。其の新聞雜誌の種類より見ても、鮮内在住の内地人と朝鮮人との間には新聞雜誌の利用程度の甚しき差違のあることが認められるであらう。と云ふのは朝鮮に於て發行せられてゐる新聞は成程その數は多數に昇つてゐるが何れも地方的の小新聞で多くは一道一府を中心として發行してゐるもので全鮮に讀まれてゐる新聞は半官紙の京城日報や東亞日報（鮮文）其他一二種あるに過ぎない。而かも國語を用ふる新聞は殆んど内地人のみに讀まれてゐるからその數は多くあつてもその讀者の範圍は決して廣くない。且つ朝鮮人の購買力が貧弱である上に教育智識も普及してゐないから鮮文を用ふる朝鮮人經營の新聞も一部上層階級以外には殆んど行き渡つてゐない狀態である。

勿論新聞雜誌以外に朝鮮人に依つて書かれた書物も絕へず出版されてゐるがその讀者は矢張り一部靑年智識階級に限られてゐる。其他總督府當局に依つて朝鮮人向きの出版物、簡易圖書館、通信講演、活動寫眞等に依り、內地事情の紹介、衞生思想の養成、勤勞努力の鼓吹、產業の改良、副業の獎勵を提唱されてゐることは臺灣にもある通りである。

五、朝鮮人の政治的關心

1　政治よりも生活

朝鮮大多數の民衆は所謂無產無識の下層階級であつて政治に對する關心は極めて冷淡である。李朝五百年の惡政は精神的に彼等を萎縮せしめ、官吏に對して極度の恐怖心を抱くやうに馴致して來たので、心に不平があつてもこれを表つ現し、その目的達成の爲めに組織立つた實際運動を起す勇氣も精根もなくなつたのである。勿論大正八年三月に起つた萬歳事件の如く全國的運動もあつたが、それは結局一時的現象であつて永く持續することが出來ない。彼等は生來退嬰的な無爲の生活に余儀なくならされて來た上に、その極度の貧困が一層彼等をして凡てに對し消極的態度を取らしめてゐる。彼等は政治の善惡よりもその日その日の食糧により多くの關心を持ち、一國の政治の改善よりも一握のパンを獲得することがより直接的な要求である。凡ての希望を失つた彼等は政治に對して興味を持ち得ないのみならず、直接自己の生活に利害關係を有する地方自治のことに對しても甚だ無關心である。

2　智識階級の態度

朝鮮に於ける智識階級は無產無智の下層階級とは別な意味に於て同じく政治に對して無關心である。彼等の目的は朝鮮の獨立であるが、同じく獨立運動を主張する者でもその地位又は環境に依つて必ずしもその內容は一致してゐない。兩班の後裔の多い即ち李朝の恩恵を受けた南鮮の人々の主張する獨立運動は李朝の復興を企圖するに在り、之に反して李朝時代に惨々搾取された北鮮の人々の主張する獨立動運は純然たる民族自決主義に基くものであつて、その內容は共和政治である。更に京城を中心とする青年、學生、勞働者に依つて主張せられてゐる獨立運動の內容は專ら無產階級の獨裁を意味するものである。

然るに萬歲事件を分岐點として朝鮮の獨立運動は漸次社會の表面からその姿を消し、今や單に一つの永遠に叶はぬ希望の幻影として彼等の心胸に隱現するに過ぎないのである。斯くして彼等の中右翼に屬するものはその最高の目的に達し得ざれば爾余の政治運動は全て無意味なものとなし、之に對し一顧だも與へないのである。左翼の人々は亦資本主義支配下の政治運動の無意味を主張して始めから否定的態度を取つてゐる。斯くて總督政治下に於ける政治の運用に對しては左右共に關心を持たないのである。

3　現制度を支持する人々

智識階級は必ずしも全部前述の如く急進的な思想を抱いてゐるものではない。中には所謂穩健分子もあつて彼等は多少時世を達觀して居り、且つ比較的官廳に接近してゐる傾向のものである。從つて政治に對しても比較的關心を持ち、且つ心からその改善を希望するものである。勿論朝鮮が獨立し得ればそれに越したことはないが、見渡すところ十年や二十年でその目的が達せられるものではない。さりとて現在の政治の善惡は一々自分達の實際生活に利害關係を有するものであるから、それを不問に附するには餘りに重大事である。故に最終の目的が達せられなくとも、せめて日常の生活丈でもそれをよりよくする爲めには進んで政治に關與する外ないと云ふのが彼等の見解である。現在地方自治制度の下に活動してゐるものは多く斯樣な考へを抱く人々であるやうに見受けられる。而して彼等は今日朝鮮統治の中心勢力を形作りつゝ在るのである。

4　團體的政治運動

前述の如く朝鮮人は無產無識階級も有產有職階級も理由は同じでないが、共に政治に對して餘り關心を持たないのである。從つて時時過激な分子が爆彈や短銃に物を言はせて直接行動を取るものがあつても、組織的團體行動に依る政治運動は殆んど見られないのである。政治運動としては我が臺灣は遙かに進歩的で且つ現代的であり從つて合法的なやり方を取つてゐることは先方と大いに異る所である。團體的政治運動のない所以は、單に彼等が政治に關心を有しない爲めばかりでなく、朝鮮人の黨派心の餘りに濃厚であることも確かに重大なる原因の一つでなければならない。元來李朝時代は黨爭と士禍の絕へ間なく、朝と云はず野と云はず徒黨を組んで相排擊することが盛んであつて、同姓の者が黨を結んで他姓をいじめ、同鄕の者が社を作つて之に對抗すると云ふ風に少しでも出世しやうとするものなら何うしても同黨の勢力を借りなければならないし、他方に於いては極力異分子を排斥するに力めねばならない。この氣風は今日に至つても未だに淸算されずに居り、南人は北人を惡く思ひ、金姓が李姓をにくむと云ふやうな狀態であるから一緒になつて團體生活をやることは非常に困難のやうである。故に從來に於ても政治的團體運動のなかつた譯ではないが黨派心理に禍ひされて完全なる發達を遂げることが出來ないのである。

5　地方自治制度實施と民意

朝鮮人の政治に對する態度は前述した通りであるが故に地方自治制等に對しては一層これを問題にするものがない。朝鮮に於ける地方自治制はその第一回は齊藤總督が大正九年即萬歳事件の翌年に施行し、第二回は昭和六年第二次齊藤總督に依つて改革施行されたのであるが、何れも總督府が進んで施行したものであつて朝鮮民衆から要求されて施行したものではない。或る意味に於て天降り的であるとも云へる。之は民間の者が斯く云ふのみならず、我々が親しく朝鮮總督府の役人に面接して質問した時も同じ答を得たのである。

次に掲げた一文は「地方制度改正に關する民心の傾向」と題して總督府內務局の編纂した「改正朝鮮地方制度實施概要」に收錄されてゐるものであつて、地方自治制の實施と民心の傾向を知る一助になるかと思つて特に玆に再錄して置く次第である。

「地方制度改正ニ關スル民心ノ傾向ハ智識階級ト一般トニ依リテ大ニ其ノ趣ヲ異ニス。智識階級ハ政治ニ關シ熱烈ナル關心ヲ有シ、隨テ地方行政ニ對シテモ深甚ノ注意ヲ懈ラズ、改正地方制度ニ對シテモ批判ヲ敢ヘテスル者少カラザルモ、智識階級以外ノ者殊ニ一般農民ニ至リテハ制度改正ニ對シ格別ノ興味ヲ有セズ、殆ンド而當局等ノ指導ニ盲從シツヽアルガ如キ狀勢ナルヲ以テ智識階級以外ノ者ノ改正制度ニ對スル民心ノ傾向ハ賛否ヲ表スル程度ニ至ラザルモノト謂フベシ。而シテ所謂智識階級ノ改正制度ニ對スル意向ハ大體時機尙早論、不徹底論及歡迎論ノ三者ニ分ツコトヲ得ベキモ、歡迎論大多數ヲ占ムルモノノ如シ。尙早說ニ二分派アリ、甲說ハ幾分時勢ニ通ズル一派ノ唱フル所ニシテ改正制度中而ニ關スル制度ノ如キハ今日尙幼稚ノ域ヲ脫セザル而ニ對シ府邑ト大差ナキ權限ヲ與ヘ、或ハ選擧ノ何物タルカヲ辨ヘ得ザル多數而民ニ對シ、最モ進步セル選擧制度ヲ以テ臨ムモノニシテ豫期ノ成果ヲ收メ難カルベク、官ノ指導ニ依テ始メテ而行政ノ運用ヲ爲スノ外途ナカルベシ。而ニ關スル改正制度ハ民度民情ニ鑑ミ急進ニ過グルノ感ナキニアラズト謂ノニ在ルガ如シ。乙說ハ主トシテ保守主義者ノ唱フル所ニシテ儒林漢學者流舊王朝時代ノ官吏タリシ者ノ一部等之ニ屬スルモノト云フベク、此ノ尙早論ハ內地ノ新聞其ノ他學者政治家等ノ尙早論トハ大ニ趣ヲ異ニシ、其ノ論據トスル所頗ル薄弱ニシテ制度ノ進步ニ關スル漫然タル不安嫌惡ニ過ギザルガ故ニ、新制度ニ馴致スルニ至ラバ自然了解スベキモノト見ラル。次ニ不徹底論ハ新制度ヲ以テ民衆ノ慾求ニ副ハザルモノトシ、殊ニ府邑ト面トノ制度ニ差別ヲ設クルガ如キハ不徹底ナリトスル所謂急進論ニシテ官吏タリシ者、言論機關々係者、敎育關係者等新敎育ヲ受ケタル者ノ一部ニ依テ唱ヘラレ、前述ノ尙早論ニ比シ其ノ勢力幾分加ハ、レルモノノ如シ。而シテ歡迎論即チ改正制度ヲ以テ現下ノ民度民情ニ好適スルモノナリトスルノ說ハ上下智識階級ノ大多數ノ輿論ナリト稱スベキモ、其ノ所論ノ細節ニ至リテハ必ズシモ同一ニアラズ。即チ從來政治的ニ好感ヲ有セズ、自然自棄的態度ヲ持シタル者モ新ニ政治ニ參與シテ合法的ニ參政的目的ヲ達スルコトヲ得ルニ至レリトスル者、或ハ改正制度ニ因ル自治權ノ擴充ハ一般民衆ノ時代的政治意識ニ大ナル衝動ヲ與フルモノニシテ將來ニ於ケル完全ナル自治權附與ノ前提ナリトシ、政治、思想兩方面ヨリ之ヲ歡迎スル者ノ外各種議決機關又ハ諸問機關ガ官廳ニ對シ意見書提出ヲ爲スノ途ヲ設ケタルガ如キ一般ニ新政ノ民意尊重施設ノ好感ヲ以テ迎フル者ニ分類セラル」（下畧）

六、新制度實施の經過

現行朝鮮地方制度中府制、邑面制は昭和五年十二月に公布し、昭和六年四月一日に施行されたものである。其の施行の經過は大いに我々の參考になるべきものがあるから以下その大畧を紹介して置く。

1　選擧に關する特例

面。協。議。會。員。の。選。擧。權。の。要。件。中。面。稅。年。額。の。低。下。　現行朝鮮地方制度は未だ制限選擧であつて地方税年額五圓以上を納めるものでなければ選擧權を有しないことになつてゐる。然るに大多數の農民は殆んど無産者であるから年額五圓の納税は非常な問題である。原則として選擧權者の數が被選擧者の定員の十倍たるべきものと規定してゐるが若し年額五圓の地方税を以て律すれば府、邑の都會地は別として面に於ては選擧の出來ない面が多數あるから斯の如きものに限り邑面制附則を設けてその年額の低下を認めてゐる。該附則の規定に基き各道に於て面税年額の低下を要せるもの、合計二百四十三面（總面數の一割）にして內四圓以上と爲したる面百八十八面、三圓以上となしたる面四十五面、二圓以上と爲したる面七面、一圓以上と爲したる面三面、各道中面税額の低下を要せざるは忠淸北道あるに過ぎないのである。

投票に關する特例　投票は原則として自署すべきものであるが現在の朝鮮民衆の敎育程度を以てしては假へそれが制限選擧であつても到底完全に行はれるものではない。故に道令第一條及第十二條に依り投票の代書の特例を認めてゐる。その特例の許可を受けた面は二百零一郡千百四十四面（全面數の四割七分）あるが實際上代書を實行した面は百九十八郡千百三十二面である。又許可を受け、道令第六條及第十一條に依り地方の慣行（圏點、打點又は氏名指稱）に依る選擧を行ふことを認めたる面は四郡四面あつたが事實上は何れも投票に依つて行はれたそうである。

2　有權者と人口との比

區別	名簿登載人員			昭和五年十二月卅一日現在人口			人口百人ニ對スル選擧人ノ比		
	內地人	朝鮮人	計	內地人	朝鮮人	計	內地人	朝鮮人	計
府（一四）	三七、〇六七	二一、七二一	五八、七八八	二六三、三七八	八二九、八七五	一、〇九三、二五三	一四・〇七	二・六二	五・三八
邑（四一）	七、七八一	九、三九四	一七、一七五	八三、三九四	六一七、〇五五	七〇〇、四四九	九・三三	一・五二	二・四五
面（二、四三三）	一一、四二一	二八五、九一三	二九七、三三四	一五四、九六六	一八、二六八、七二六	一八、四二三、六九二	七、三七	一・五六	一・六一
計	五六、二六九	三一七、〇二八	三七三、二九七	五〇一、七三八	一九、七一五、六五六	二〇、二一七、三九四	一一・二一	一・六〇	一・八四

選擧人名簿登載人員と人口の比は本表に示した通り人口二千二十一萬七千餘人に對し選擧人名簿に登載した人員は三十七萬三千餘人にして人口百人中名簿登

載人員は僅かに一人八分强である。其の割合は府邑面中府が最も優れり邑の二倍强面の三倍弱に當る。是れは即ち其の住民の資力の程度又は富の分配關係を如實に物語るものであり、而して內地人は府邑共朝鮮人に比して其の割合の多いことは注目に値するものがある。

3　府邑會議員立候補狀況

各府邑會議員立候補者數は府に於て議員定數四百十四人に對し立候補者數內地人三百七人朝鮮人二百二十五人合計五百三十二人にして定員に對し百十八人を超過してゐる。

邑に於ては議員定數五百六十人に對し立候補者數內地人二百七十五人、朝鮮人三百六十六人合計六百四十一人にして定員に對し百三十五人を超過してゐる。

4　府邑會議員當選者の內鮮人別

府邑會議員當選者の內鮮人別は左表の如く開城府に於ては內地人の當選者數は定數の四分の一に達せず、又群山、釜山の兩府に於ては朝鮮人の當選者數定數の四分の一に達せざるが故に府制第八條第六項の規定に依り開城府に於ては內地人一人を、群山府に於ては朝鮮人一人を、釜山府に於ては朝鮮人四人を夫々次點者より補充當選せしめた樣な次第である。

府會議員當選者數調

府名	定數	內地人又ハ朝鮮人議員ノ最少員數	當選者 內地人	當選者 朝鮮人	備考
京城	四八人	一二	三〇	一八	
仁川	三〇	八	二二	八	
開城	二七	七	七	二〇	府制第八條第六項適用內地人一人
群山	二四	六	一八	六	同上朝鮮人一人
木浦	二七	七	一九	八	
大邱	三三	九	二三	一〇	
釜山	三三	九	二四	九	同上朝鮮人一人
馬山	二四	六	一四	一〇	
平壤	三三	九	一九	一四	
鎮南浦	二七	七	一五	一二	
新義州	二七	七	一六	一一	

府名	定數	內地人又ハ朝鮮人議員ノ最少員數	當選者 內地人	當選者 朝鮮人	備考
元山	二七	七	一五	一二	
咸興	二七	七	一六	一一	
清津	二七	七	一九	八	
計	四一四	一〇八	二五七	一五七	

邑會議員當選者數調

道名	邑名	定員	當選者 內地人	當選者 朝鮮人
京畿	水原	一二	六	六
	永登浦	一〇	六	四
忠北	清州	一二	七	五
	忠州	一四	六	八
忠南	公州	一二	七	五
	大田	一四	一一	三
	江景	一二	七	五
	鳥致院	一〇	六	四

	天安	一二	八	四
全北	全州	一四	七	七
	益山	一二	七	五
	井州	一二	六	六
全南	光州	一四	一〇	四
	麗水	一四	六	八
	濟州	一四	四	一〇
慶北	金泉	一二	七	五
	浦項	一二	八	四
	慶州	一二	四	八
	安東	一二	五	七
	尙州	一四	七	七
慶南	晋州	一四	七	七
	鎭海	一二	八	四
	統營	一四	八	六
	密陽	一二	五	七
	東萊	一二	二	一〇
黄海	海州	一四	八	六
	兼二浦	一二	九	三

道名	邑名	定員	當選者 內地人	當選者 朝鮮人
	沙里院	一四	五	九
平南	安州	一二	二	一〇
平北	義州	一二	四	八
	定州	一〇	五	五
	宣州	一二	三	九
	江界	一〇	四	六
江原	春川	一〇	六	四
	江陵	一二	五	七
	鐵原	一二	五	七
咸南	北青	一二	二	一〇
咸北	羅南	一二	九	三
	城津	一二	五	七
	金寧	一二	五	七
	雄基	一四	五	九
計		五〇六	二四七	二五九

尙面協議會員當選者は全鮮二千四百二十三面其の數二萬四千二百九十四人、

內地人當選者一千百四十九人、朝鮮人二萬三千百四十五人であるが面協議會員は未だ決議權を有せず單に面長の諮問機關たるに過ぎないので左程重要なものでないから繁雜を避ける爲め其の細表を畧して置く。

5　邑會議員選擧得票狀況

邑會議員選擧に於て內地人の得票數は益山、雄基兩邑を除く外各邑共內地人有權者の投票數より多くなつてゐることは特に注目に値する現象である。之は朝鮮人有權者が內地人に投票した爲めである。內地人の得票數が內地人の投票數より最も多かりしは尙州邑の八十三票、金泉邑の四十九票、濟州邑の四十八票等である。又益山邑は朝鮮人の得票數が朝鮮人の投票數より四票多くなつてゐるのは內地人にして朝鮮人に投票した爲めであることは明かである。斯くの如き內鮮人相互間の投票の移動は勿論職務關係、營業取引關係、金錢貸借關係、同業者關係等の緣故にも因るであらうが、一つは內鮮融和の麗しい一面が選擧の場裡に現はれたものであると云はねばならない。

七、結　論

以上叙述せる所を綜合すれば要するに朝鮮現行の地方自治制度は大多數無産階級の關知せざるところであるのみならず上層階級に於ても一部分の人達を除く外は之に對して興味もなければ關心も持たない極めて心細い狀態に在ることは明かなる事實である。改正制度實施後に於ける民衆の動向は改正前と何等變化のある所が認められないことは該地旅行中屢々耳にするところである。府邑の議員は制度の改正に依つて議決權を獲得したから多少以前とその趣きを異にして議事に對して眞面目になり一般地方行政に對して可成り熱意を示して來たことは事實であるが肝甚な民衆が相變らず關心を持たない事は聊か畫龍點睛を缺くの恨なきを得ない。之は民衆を責めるよりも制度それ自體に非常なる缺陷のあることを認めなければならない。と云ふのは現行制度を以てしては大多數の民衆は年額五圓以上の地方稅　現在の朝鮮民衆に取つては過重なる條件――年額五圓の地方税と云ふ制限條件に拒まれて假令之に對して熱烈なる關心を有しても之に參與することが出來ない狀態に在るのである。一方所謂上層階級に於ける眞に主義主張を有するものは又その實際的効果を見縊つて之に關心しやうとしないから勢ひ現制度は一部の比較的穩健な分子に牛耳られざるを得ないのである。又事實に於て現行制度の下に活動してゐる人々はその殆んど全部が穩健分子であることは前にも述べた通りである。故に全體に生氣なく潑溂たる氣象に乏しいことは蓋し當然の歸結でなければならない。然し斯る制限條件も何れ時世の進むにつれて撤廢せられ、無產階級にも地方の自治行政に直接參與する道が開かれて來ることであらうし、急進的分子も漸次自分達の日常生活を支配する地方自治制度の如何に重要であるかを認識するに至るであらう。斯して双方より步み寄つて來れば制度の基礎が自から確乎たるものになるべきは自然の成行ではなからうか?。

吾人が最後に一言附加へて言ひたいことは即ち臺灣と朝鮮との比較に關する

ことである。臺灣は經濟的にも敎育的にも將又人民の政治に對する自覺の點に於ても悉く朝鮮に比べて遙かに優秀であるにも拘らず獨り政治組織に於て反つて朝鮮に遲れて來た事は吾人の常に不審に思ひ且つ憤憾に堪へない次第である。殊に地方自治制度の如きはその差異の最も甚だしきものである。而して朝鮮現行制度の缺陷が斯く明白になつてゐる以上而かも朝鮮に較べて格段の實力を有する臺灣に朝鮮今日の制度をその儘臺灣に施行せんとすれば恐らく甚だしき誤謬に陷入るべきは明かであることは云ふまでもない。

終り

楊　肇　嘉

葉　清　耀

葉　榮　鐘

附録

朝鮮現行地方制度條文拔萃

道制

第一條　道ハ法人トス官ノ監督ヲ承ケ法令ノ範圍内ニ於テ其ノ公共事務及法律、勅令又ハ制令ニ依リ道ニ屬スル事務ヲ處理ス

第五條　道ニ道會ヲ置キ議長及道會議員ヲ以テ之ヲ組織ス

議長ハ道知事ヲ以テ之ヲ充ツ

第六條　道會議員ノ定數ハ二十人以上五十人以下ノ範圍内ニ於テ朝鮮總督之ヲ定ム

第七條　道會議員ノ定數ノ三分ノ二及定數ヲ三分シ難キ場合ニ於ケル其ノ端數ニ相當スル員數ノ議員ハ之ヲ選擧ス

第八條　道會議員ノ選擧ハ各選擧區ニ於テ府會議員、邑會議員及面協議員之ヲ行フ

選擧區及各選擧區ニ於テ選擧スベキ議員ノ配當ニ關シ必要ナル事項ハ朝鮮總督之ヲ定ム

第九條　帝國臣民タル年齡二十五年以上ノ男子ニシテ獨立ノ生計ヲ營ミ一年以來道内ニ住所ヲ有スル者ハ其ノ道ニ於テ道會議員ノ被選擧權ヲ有ス但シ左ニ揭グル者ハ此ノ限ニ在ラズ

一、禁治產者及準禁治產者
二、破產者ニシテ復權ヲ得ザル者
三、六年ノ懲役又ハ禁錮以上ノ刑ニ處セラレタル者
四、六年未滿ノ懲役又ハ禁錮ノ刑ニ處セラレ其ノ執行ヲ終リ又ハ執行ヲ受クルコトナキニ至ル迄ノ者
五、陸海軍軍人ニシテ現役中ノ者(未ダ入營セザル者及歸休下士官兵ヲ除ク)又ハ戰時事變ニ際シ召集中ノ者並ニ志願ニ依リ國民軍ニ編入中ノ者
六、當該道及其ノ道內ノ府郡島ノ官吏及有給吏員ニシテ在職中ノ者
七、當該道ノ邑面ノ邑面長及有給吏員ニシテ在職中ノ者
八、在職ノ判事檢事及警察官吏
九、小學校及普通學校ノ敎員ニシテ在職中ノ者
前項ニ規定スル一年ノ期間ハ道ノ廢置又ハ區域變更ノ爲中斷セラルルコトナシ
第十條　道會員ノ定數ヨリ第七條ノ規定ニ依リ選擧スベキ議員ノ員數ヲ控除シタル員數ノ議員ハ學識名望アル者ニシテ前條ノ被選擧權ヲ有スルモノノ中ヨリ道知事之ヲ命ズ
第十一條　道會議員ハ名譽職トス
議員ノ任期ハ四年トシ總選擧ノ日ヨリ之ヲ起算ス

補闕議員ハ其ノ前任者ノ殘任期間在任ス

第十二條　道會ハ法令ニ依リ其ノ權限ニ屬スル事件ノ外道ニ關スル左ノ事件ヲ議決ス

一、歲入出豫算ヲ定ムルコト

二、決算報告ニ關スルコト

三、法令ニ規定スルモノヲ除クノ外道稅夫役現品、使用料又ハ手數料ノ賦課徵收ニ關スルコト

四、道債ヲ起シ竝ニ起債ノ方法、利息ノ定率及償還ノ方法ヲ定メ又ハ之ヲ變更スルコト但シ第五十一條第二項ノ借入金ヲ除ク

五、基本財產及積立金等ノ設置、管理及處分ニ關スルコト

六、繼續費ヲ定メ又ハ變更スルコト

七、特別會計ヲ設クルコト

八、歲入出豫算ヲ以テ定ムルモノヲ除クノ外新ニ義務ノ負擔ヲ爲シ又ハ權利ノ抛棄ヲ爲スコト

道知事必要アリト認ムルトキハ前項各號ニ揭グル事件ノ外道ニ關スル事件ヲ道會ノ議決ニ付スルコトヲ得

第十三條　道會ハ法令ニ依リ其ノ權限ニ屬スル選擧ヲ行フベシ

第十四條　道會ハ道ノ公益ニ關スル事件ニ付意見書ヲ道知事其ノ他ノ關係官廳ニ提出スルコトヲ得

第十五條　道會ハ官廳ノ諮問アルトキハ意見ヲ答申スベシ
道會ノ意見ヲ徵シテ處分ヲ爲スベキ場合ニ於テ道會成立セズ、招集ニ應セズ若ハ意見ヲ答申セズ又ハ道會ヲ招集スルコト能ハザルトキハ當該官廳ハ其ノ意見ヲ俟タズシテ直ニ處分ヲ爲スコトヲ得

第十六條　道會ハ議員中ヨリ副議長一人ヲ選擧スベシ
副議長ノ任期ハ議員ノ任期ニ依ル

第十九條　本令ニ規定スルモノノ外道會、道會議員竝ニ道會議員ノ選擧及其ノ取締ニ關シ必要ナル事項ハ朝鮮總督之ヲ定ム

第二十條　道知事ハ道ヲ統轄シ道ヲ代表ス
道知事ハ道會ノ議決ヲ經ベキ事件ニ付其ノ議案ヲ發シ其ノ議決ヲ執行シ其ノ他道ノ事務ヲ擔任ス

第二十三條　道會ノ議決又ハ選擧其ノ權限ヲ越エ又ハ法令若ハ會議規則ニ背クト認ムルトキハ道知事ハ其ノ意見ニ依リ又ハ朝鮮總督ノ指揮ニ依リ理由ヲ示シテ之ヲ再議ニ付シ又ハ再選擧ヲ行ハシムベシ但シ特別ノ事由アリト認ムルトキハ道知事ハ朝鮮總督ノ指揮ヲ請ヒ直ニ其ノ議決又ハ選擧ヲ取消スコトヲ得
前項ノ規定ニ依リ爲シタル道會ノ議決又ハ選擧仍其ノ權限ヲ越エ又ハ法令若ハ會議規則ニ背クト認ムルトキハ道知事ハ朝鮮總督ノ指揮ヲ請ヒ其ノ議決又ハ選擧ヲ取消スベシ

第二十四條　道會ノ議決明ニ公益ヲ害シ又ハ道ノ收支ニ關シ不適當ナリト認ムルトキハ道知事ハ其ノ意見ニ依リ又ハ朝鮮總督ノ指揮ニ依リ理由ヲ示シテ之ヲ再議ニ付スベシ但シ特別ノ事由アリト認ムルトキハ道知事ハ朝鮮總督ノ指揮ヲ請ヒ直ニ其ノ議決ヲ取消スコトヲ得

前項ノ規定ニ依リ爲シタル道會ノ議決仍明ニ公益ヲ害シ又ハ道ノ收支ニ關シ不適當ナリト認ムルトキハ道知事ハ朝鮮總督ノ指揮ヲ請ヒ其ノ議決ヲ取消スコトヲ得但シ前項ノ規定ニ依リ更ニ再議ニ付スルコトヲ妨ゲズ

第二十五條　道會成立セザルトキ招集ニ應ゼザルトキ、會議ヲ開クコト能ハザルトキ又ハ議決スベキ事件ヲ議決セザルトキハ道知事ハ朝鮮總督ノ指揮ヲ請ヒ其ノ議決スベキ事件ヲ處分スルコトヲ得前二條ノ規定ニ依リ道會ノ議決ヲ取消シタルトキ亦同ジ

第二十六條　道會ニ於テ議決スベキ事件ニ關シ臨時急施ヲ要スル場合ニ於テ道會成立セザルトキ又ハ道知事ニ於テ之ヲ招集スルノ暇ナシト認ムルトキハ道知事ハ之ヲ專決處分スルコトヲ得

第二十八條　道知事ハ期日ヲ定メテ道會ノ停會ヲ命ズルコトヲ得

第二十九條　道會ノ權限ニ屬スル事件ノ一部ハ其ノ議決ニ依リ道知事之ヲ專決處分スルコトヲ得

第三十條　道ニ有給ノ吏員ヲ置クコトヲ得

吏員ハ道知事之ヲ任免ス

吏員ハ道知事ノ命ヲ承ケ事務ニ從事ス

第五十六條　本令ニ規定スルモノノ外道ノ財務ニ關シ必要ナル事項ハ朝鮮總督之ヲ定ム

第五十七條　道ハ朝鮮總督之ヲ監督ス

朝鮮總督ハ道ノ監督上必要ナル命令ヲ發シ又ハ處分ヲ爲スコトヲ得

第五十八條　道ニ於テ法令ニ依リ負擔シ又ハ當該官廳ノ職權ニ依リ命ズル費用ヲ豫算ニ載セザルトキハ朝鮮總督ハ理由ヲ示シテ其ノ費用ヲ豫算ニ加フルコトヲ得

朝鮮總督ハ道ノ豫算中不適當ト認ムルモノアルトキハ之ヲ削減スルコトヲ得

第五十九條　朝鮮總督ハ道會ノ解散ヲ命ズルコトヲ得

道會解散ノ場合ニ於テハ三十日以內ニ議員ノ選擧及任命ヲ行フベシ但シ特別ノ事由アルトキハ、朝鮮總督ハ其ノ期間ニ付特例ヲ設クルコトヲ得

第六十條　本令ニ規定スルモノヽ外道ノ監督ニ關シ必要ナル事項ハ朝鮮總督之ヲ定ム

府制

第一條　府ハ法人トス官ノ監督ヲ承ケ法令ノ範圍內ニ於テ其ノ公共事務及法令ニ依リ府ニ屬スル事務ヲ處理ス

第五條　府內ニ住所ヲ有スル者ハ其ノ府住民トス

府住民ハ本令ニ依リ府ノ營造物ヲ共有スル權利ヲ有シ府ノ負擔ヲ分任スル義務ヲ負フ

第六條　府ハ府住民ノ權利義務又ハ府ノ事務ニ關シ府條例ヲ設クルコトヲ得府條例ハ一定ノ公告式ニ依リ之ヲ告示スベシ

第七條　府ニ府會ヲ置キ議長及府會議員ヲ以テ之ヲ組織ス

議長ハ府尹ヲ以テ之ニ充ツ

第八條　府會議員ハ之ヲ選擧ス

議員ノ定數左ノ如シ

一、人口三萬未滿ノ府　二十四人

二、人口三萬以上五萬未滿ノ府　二十七人

三、人口五萬以上十萬未滿ノ府　三十人

四、人口十萬以上ノ府　三十三人

人口十萬ヲ超ユル府ニ於テハ人口五萬ヲ加フル毎ニ議員三人ヲ增加ス

前二項ノ人口ハ朝鮮總督ノ定ムル所ニ依ル議員ノ定數ハ總選擧ヲ行フ場合ニ非ザレバ之ヲ增減セズ但シ著シク人口ノ增減アリタル場合ニ於テ朝鮮總督必要アリト認ムルトキハ此ノ限ニ在ラズ

內地人議員及朝鮮人議員ノ數ハ何レモ議員定數ノ四分ノ一ヲ下ルコトヲ得ズ但シ闕員ヲ生ジタル場合ニ於テ次ノ補闕選擧ヲ行フ迄ノ間ハ此ノ限ニ在ラズ

第九條　帝國臣民タル年齡二十五年以上ノ男子ニシテ獨立ノ生計ヲ營ミ一年以來府住民ト爲リ且一年以來朝鮮總督ノ指定シタル府稅年額五圓以上ヲ納ムル者ハ其ノ府ニ於テ府會議員ノ選擧權ヲ有ス但シ左ニ揭グル者ハ此ノ限ニ在ラズ

一、禁治產者及準禁治產者

二、破產者ニシテ復權ヲ得ザル者

三、六年ノ懲役又ハ禁錮以上ノ刑ニ處セラレタル者

四、六年未滿ノ懲役又ハ禁錮ノ刑ニ處セラレ其ノ執行ヲ終リ又ハ執行ヲ受クルコトナキニ至ル迄ノ者

五、陸海軍々人ニシテ現役中ノ者（未ダ入營セザル者及歸休下士官兵ヲ除ク）又ハ戰時事變ニ際シ召集中ノ者並ニ志願ニ依リ國民軍ニ編入中ノ者選擧權ヲ有スル者府稅滯納處分中ハ選擧權ヲ行使スルコトヲ得ズ

第一項ニ規定スル一年ノ期間ハ府邑面ノ廢置又ハ區域變更ノ爲中斷セラルヽコトナシ此ノ場合ニ於テ新ニ府ノ區域ト爲リタル地域ニ於テ負擔シタル邑面制第九條第一項ニ規定スル邑面稅及學校費賦課金又ハ學校組合費ハ之ヲ第一項ニ規定スル府稅ト看做ス

第十條　府會議員ノ選擧權ヲ有スル者ハ被選擧權ヲ有ス但シ左ニ揭グル者ニシテ在職中ノモノ及前條第二項ニ規定スル者ハ此ノ限ニ在ラズ

一、所屬道及當該府ノ官吏及有給吏員
二、判事、檢事及警察官吏
三、小學校及普通學校ノ敎員
第十一條　府會議員ハ名譽職トス
議員ノ任期ハ四年トシ總選擧ノ日ヨリ之ヲ起算ス
議員ノ定數ニ異動ヲ生ジタル爲解任ヲ要スル者アルトキハ朝鮮總督ノ定ムル所ニ依リ之ヲ定ム
議員ノ定數ニ異動ヲ生ジタル爲新ニ選擧セラレタル議員ハ總選擧ニ依リ選擧セラレタル議員ノ任期滿了ノ日迄在任ス
第十二條　府會議員中闕員ヲ生ジタル場合ニ於テ左ノ各號ノ一ニ該當スルトキハ補闕選擧ヲ行フベシ
一、闕員ノ數議員定數ノ六分ノ一ヲ超ユルニ至リタルトキ
二、內地人議員又ハ朝鮮人議員ノ數第八條第六項ニ規定スル最少員數ノ六分ノ五ニ滿チザルニ至リタルトキ
三、府尹必要アリト認ムルトキ
議員ノ定數ニ異動ヲ生ジタル爲選擧ヲ行フ場合ニ於テ議員中闕員アルトキハ併セテ補闕選擧ヲ行フベシ

補闕議員ハ其ノ前任者ノ殘任期間在任ス

第十三條　府會ハ法令ニ依リ其ノ權限ニ屬スル事件ノ外府ニ關スル左ノ事件ヲ議決但シ特別經濟ニ關スル事件ハ此ノ限ニ在ラズ

一、府條例ヲ設ケ又ハ改廢スルコト

二、歲入出豫算ヲ定ムルコト

三、決算報告ニ關スルコト

四、法令ニ規定スルモノヲ除クノ外府稅、夫役現品、使用料又ハ手數料ノ賦課徵收ニ關スルコト

五、府債ヲ起シ竝ニ起債ノ方法、利息ノ定率及償還ノ方法ヲ定メ又ハ之ヲ變更スルコト但シ第四十九條第二項ノ借入金ヲ除ク

六、基本財產及積立金等ノ設置、管理及處分ニ關スルコト

七、不動產ノ管理及處分ニ關スルコト

八、繼續費ヲ定メ又ハ變更スルコト

九、特別會計ヲ設クルコト

十、歲入出豫算ヲ以テ定ムルモノヲ除クノ外新ニ義務ノ負擔ヲ爲シ又ハ權利ノ拋棄ヲ爲スコト

十一、訴訟及和解ニ關スルコト

府尹必要アリト認ムルトキハ前項各號ニ揭グル事件ノ外府ニ關スル事件ヲ府會ノ議決ニ付スルコトヲ

得

第十四條　府會ハ法令ニ依リ其ノ權限ニ屬スル選擧ヲ行フベシ

第十五條　府會ハ府ノ事務ニ關スル書類及計算書ヲ檢閲シ事務ノ管理、議決ノ執行及出納ヲ檢査スルコトヲ得但シ特別經濟ニ關スルモノハ此ノ限ニ在ラズ

府會ハ議員中ヨリ委員ヲ選擧シ前項ニ規定スル府會ノ權限ニ屬スル事件ヲ行ハシムルコトヲ得

第十六條　府會ハ府ノ公益ニ關スル事件ニ付意見書ヲ府尹其ノ他ノ關係官廳ニ提出スルコトヲ得

第十七條　府會ハ官廳ノ諮問アルトキハ意見ヲ答申スベシ

府會ノ意見ヲ徵シテ處分ヲ爲スベキ場合ニ於テ府會成立セズ、招集ニ應ゼズ若ハ意見ヲ答申セズ又ハ府會ヲ招集スルコト能ハザルトキハ當該官廳ハ其ノ意見ヲ俟タズシテ直ニ處分ヲ爲スコトヲ得

第十八條　府會ハ議員中ヨリ副議長一人ヲ選擧スベシ

副議長ノ任期ハ議員ノ任期ニ依ル

第二十條　府會ハ會議規則ヲ設クベシ

第二十一條　本令ニ規定スルモノヽ外府會、府會議員竝ニ府會議員ノ選擧及其ノ取締ニ關シ必要ナル事項ハ朝鮮總督之ヲ定ム

第二十二條　府尹ハ府ヲ統轄シ府ヲ代表ス、府尹ハ府會又ハ敎育部會ノ議決ヲ經ベキ事件ニ付其ノ議案

ヲ發シ其ノ議決ヲ執行シ其ノ他府ノ事務ヲ擔任ス

第二十四條　府會又ハ敎育部會ノ議決又ハ選擧其ノ權限ヲ越エ又ハ法令若ハ會議規則ニ背クト認ムルトキハ府尹ハ其ノ意見ニ依リ又ハ道知事ノ指揮ニ依リ理由ヲ示シテ之ヲ再議ニ付シ又ハ再選擧ヲ行ハシムベシ但シ特別ノ事由アリト認ムルトキハ府尹ハ道知事ノ指揮ヲ請ヒ直ニ其ノ議決又ハ選擧ヲ取消スコトヲ得

前項ノ規定ニ依リ爲シタル府會又ハ敎育部會ノ議決又ハ選擧仍其ノ權限ヲ越ニ又ハ法令若ハ會議規則ニ背クト認ムルトキハ府尹ハ道知事ノ指揮ヲ請ヒ其ノ議決又ハ選擧ヲ取消スベシ

第二十五條　府會又ハ敎育部會ノ議決明ニ公益ヲ害シ又ハ府ノ收支ニ關シ不適當ナリト認ムルトキハ府尹ハ其ノ意見ニ依リ又ハ道知事ノ指揮ニ依リ理由ヲ示シテ之ヲ再議ニ付スベシ但シ特別ノ事由アリト認ムルトキハ府尹ハ道知事ノ指揮ヲ請ヒ直ニ其ノ議決ヲ取消スコトヲ得

前項ノ規定ニ依リ爲シタル府會又ハ敎育部會ノ議決仍明ニ公益ヲ害シ又ハ府ノ收支ニ關シ不適當ナリト認ムルトキハ府尹ハ道知事ノ指揮ヲ請ヒ其ノ議決ヲ取消スコトヲ得但シ前項ノ規定ニ依リ更ニ再議ニ付スルコトヲ妨グズ

第二十六條　府會又ハ敎育部會成立セザルトキ、招集ニ應セサルトキ、會議ヲ開クコト能ハザルトキ又ハ議決スベキ事件ヲ議決セザルトキハ府尹ハ道知事ノ指揮ヲ請ヒ其ノ議決スベキ事件ヲ處分スルコトヲ得前二條ノ規定ニ依リ府會又ハ敎育部會ノ議決ヲ取消シタルトキ亦同ジ

第二十七條　府會又ハ敎育部會ニ於テ議決スヘキ事件ニ關シ臨時急施ヲ要スル場合ニ於テ府會若ハ敎育部會成立セサルトキ又ハ府尹ニ於テ之ヲ招集スルノ暇ナシト認ムルトキハ府尹ハ之ヲ專決處分スルコトヲ得

第二十八條　前二條ノ規定ニ依ル處分ニ付テハ次回ノ會議ニ於テ之ヲ府會又ハ敎育部會ニ報告スヘシ

第二十九條　府會又ハ敎育部會ノ權限ニ屬スル事件ノ一部ハ其ノ議決ニ依リ府尹之ヲ專決處分スルコトヲ得

第三十六條　收益ノ爲ニスル府ノ財產ハ基本財產トシテ之ヲ維持スヘシ

府ハ特定ノ目的ノ爲特別ノ基本財產又ハ積立金等ヲ設クルコトヲ得

第三十九條　府ハ其ノ必要ナル費用及法令ニ依リ府ノ負擔ニ屬スル費用ヲ支辨スル義務ヲ負フ

府ハ其ノ財產ヨリ生スル收入、使用料、手數料其ノ他府ニ屬スル收入ヲ以テ前項ノ支出ニ充テ仍不足アルトキハ府稅及夫役現品ヲ賦課徵收スルコトヲ得

第五十五條　府ノ經濟中內地人敎育ヲ目的トスルモノト朝鮮人敎育ヲ目的トスルモノトハ各之ヲ特別經濟トシ一般經濟ヨリ分別ス　特別經濟ノ費用ハ其ノ特別經濟ニ屬スル財產ヨリ生スル收入、使用料、手數料其ノ他ノ收入ヲ以テ之ニ充テ仍不足アルトキハ府稅及夫役現品ヲ賦課徵收スルコトヲ得

特別經濟ニ屬スヘキ費用中特ニ必要アルモノハ朝鮮總督ノ定ムル所ニ依リ一般經濟ニ於テ之ヲ支辨スルコトヲ得

第五十六條　前條第二項ノ府稅及夫役現品ハ內地人敎育ヲ目的トスル特別經濟ニ在リテハ之ヲ內地人ニ、朝鮮人敎育ヲ目的トスル特別經濟ニ在リテハ之ヲ朝鮮人ニ賦課ス

第五十七條　特別經濟ニ關スル事件ヲ議決セシムル爲第一敎育部會及第二敎育部會ヲ置キ第一敎育部會ハ議長及內地人タル府會議員ヲ以テ、第二敎育部會ハ議長及朝鮮人タル府會議員ヲ以テ之ヲ組織ス

第一敎育部會及第二敎育部會ノ議長ハ府尹ヲ以テ之ニ充ツ

第一敎育部會ハ內地人敎育ヲ目的トスル特別經濟ニ關スル事件ヲ、第二敎育部會ハ朝鮮人敎育ヲ目的トスル特別經濟ニ關スル事件ヲ議決ス

第六十條　府ハ第一次ニ於テ道知事、第二次ニ於テ朝鮮總督之ヲ監督ス

監督官廳ハ府ノ監督上必要ナル命令ヲ發シ又ハ處分ヲ爲スコトヲ得

第六十一條　府ニ於テ法令ニ依リ負擔シ又ハ當該官廳ノ職權ニ依リ命ズル費用ヲ豫算ニ載セザルトキハ道知事ハ理由ヲ示シテ其ノ費用ヲ豫算ニ加フルコトヲ得

道知事ハ府ノ豫算中不適當ト認ムルモノアルトキハ朝鮮總督ノ指揮ヲ請ヒ之ヲ削減スルコトヲ得

第六十二條　朝鮮總督ハ府會ノ解散ヲ命ズルコトヲ得

府會解散ノ場合ニ於テハ三月以內ニ議員ノ選擧ヲ行フベシ但シ特別ノ事由アルトキハ朝鮮總督ハ其ノ期間ニ付特例ヲ設クルコトヲ得

第六十三條　道知事ハ期日ヲ定メテ府會又ハ敎育部會ノ停會ヲ命ズルコトヲ得

邑面制

第一條　邑面ハ法人トス官ノ監督ヲ承ケ法令ノ範圍內ニ於テ其ノ公共事務及法令ニ依リ邑面ニ屬スル事務ヲ處理ス

第五條　邑面內ニ住所ヲ有スル者ハ其ノ邑面住民トス

邑面住民ハ本令ニ依リ邑面ノ營造物ヲ共用スル權利ヲ有シ邑面ノ負擔ヲ分任スル義務ヲ負フ

第六條　邑面ハ邑面住民ノ權利義務又ハ邑面ノ事務ニ關シ邑面規則ヲ設クルコトヲ得

邑面規則ハ一定ノ公告式ニ依リ之ヲ告示スベシ

第七條　邑ニ邑會、面ニ面協議會ヲ置ク

邑會ハ議長及邑會議員ヲ以テ、面協議會ハ議長及面協議會員ヲ以テ之ヲ組織ス

邑會ノ議長ハ邑長ヲ以テ、面協議會ノ議長ハ面長ヲ以テ之ニ充ツ

第八條　邑會議員及面協議會員ハ之ヲ選擧ス議員及協議會員ノ定數左ノ如シ

一、人口五千未滿ノ邑面　八人
二、人口五千以上一萬未滿ノ邑面　十人
三、人口一萬以上二萬未滿ノ邑面　十二人

四、人口二萬以上ノ邑面　十四人

前項ノ人口ハ朝鮮總督ノ定ムル所ニ依ル

議員及協議會員ノ定數ハ總選擧ヲ行フ場合ニ非ザレバ之ヲ增減セズ但シ著シク人口ノ增減アリタル場合ニ於テ道知事必要アリト認ムルトキハ此ノ限ニ在ラズ

朝鮮總督特ニ必要アリト認ムル場合ニ於テハ邑又ハ面ヲ指定シテ府制第八條第六項ノ規定ヲ準用スルコトヲ得

第九條　帝國臣民タル年齡二十五年以上ノ男子ニシテ獨立ノ生計ヲ營ミ一年以來邑面住民ト爲リ且一年以來朝鮮總督ノ指定シタル邑面稅年額五圓以上ヲ納ムル者ハ其ノ邑面ニ於テ邑會議員又ハ面協議會員ノ選擧權ヲ有ス但シ左ニ揭グル者ハ此ノ限ニ在ラズ

一、禁治產者及準禁治產者

二、破產者ニシテ復權ヲ得ザル者

三、六年ノ懲役又ハ禁錮ノ刑ニ處セラレタル者

四、六年未滿ノ懲役又ハ禁錮ノ刑ニ處セラレ其ノ執行ヲ終リ又ハ執行ヲ受クルコトナキニ至ル迄ノ者

五、陸海軍々人ニシテ現役中ノ者(未ダ入營セザル者及歸休下士官兵ヲ除ク)又ハ戰時事變ニ際シ召集中ノ者竝ニ志願ニ依リ國民軍ニ編入中ノ者選擧權ヲ有スル者邑面稅滯納處分中ハ選擧權ヲ行使ス

ルコトヲ得ズ

第一項ニ規定スル一年ノ期間ハ府邑面ノ廢置又ハ區域變更ノ爲中斷セラルヽコトナシ此ノ場合ニ於テ新ニ邑面ノ區域ト爲リタル地域ニ於テ負擔シタル第一項ニ規定スル邑面稅又ハ府制第九條第一項ニ規定スル府稅（府制第五十五條第二項ニ規定スル府稅ヲ除ク）ハ之ヲ第一項ニ規定スル邑面稅ト看做ス

第十條 邑會議員又面協議會員ノ選擧權ヲ有スル者ハ各其ノ被選擧權ヲ有ス但シ左ニ揭グル者ニシテ在職中ノモノ及前條第二項ニ規定スル者ハ此ノ限ニ在ラズ

一、所屬道郡島ノ官吏待遇官吏及吏員

二、當該邑面長及有給吏員

三、判事、檢事及警察官吏

四、小學校及普通學校ノ敎員

第十一條 邑會議員及面協議會員ハ名譽職トス

議員及協議會員ノ任期ハ四年トシ總選擧ノ日ヨリ之ヲ起算ス

議員又ハ協議會員ノ定數ニ異動ヲ生ジタル爲解任ヲ要スル者アルトキハ邑面長抽籤シテ之ヲ定ム但シ闕員アルトキハ其ノ闕員ヲ以テ之ニ充ツ

第八條 第五項ノ規定ニ依リ府制第八條第六項ノ規定ヲ準用シタル邑又ハ面ニ付テハ前項ノ規定ニ拘ラ

ズ府制第十一條第三項ノ規定ヲ準用ス
議員又ハ協議會員ノ定數ニ異動ヲ生ジタル爲新ニ選擧セラレタル議員又協議會員ハ總選擧ニ依リ選擧セラレタル議員又ハ協議會員ノ任期滿了ノ日迄在任ス
第十三條　邑會ハ法令ニ依リ其ノ權限ニ屬スル事件ノ外邑ニ關スル左ノ事件ヲ議決ス
一、邑規則ヲ設ケ又ハ改廢スルコト
二、歲入出豫算ヲ定ムルコト
三、決算報告ニ關スルコト
四、法令ニ規定スルモノヲ除クノ外邑稅夫役現品使用料又ハ手數料ノ賦課徵收ニ關スルコト
五、邑債ヲ起シ竝ニ起債ノ方法利息ノ定率及償還ノ方法ヲ定メ又ハ之ヲ變更スルコト但シ第四十九條第二項ノ借入金ヲ除ク
六、基本財產及積立金等ノ設置管理及處分ニ關スルコト
七、不動產ノ管理及處分ニ關スルコト
八、繼續費ヲ定メ又ハ變更スルコト
九、特別會計ヲ設クルコト
十、歲入出豫算ヲ以テ定ムルモノヲ除クノ外新ニ義務ノ負擔ヲ爲シ又ハ權利ノ抛棄ヲ爲スコト

十一、訴訟及和解ニ關スルコト

邑長必要アリト認ムルトキハ前項各號ニ掲グル事件ノ外邑ニ關スル事件ヲ邑會ノ議決ニ付スルコトヲ得

第十四條　邑會ハ法令ニ依リ其ノ權限ニ屬スル選擧ヲ行フベシ

第十五條　邑會ハ邑ノ事務ニ關スル書類及計算書ヲ檢閲シ事務ノ管理、議決ノ執行及出納ヲ檢査スルコトヲ得

邑會ハ議員中ヨリ委員ヲ選擧シ前項ニ規定スル邑會ノ權限ニ屬スル事件ヲ行ハシムルコトヲ得

第十六條　邑會ハ邑ノ公益ニ關スル事件ニ付意見書ヲ邑長又ハ關係官廳ニ提出スルコトヲ得

第十七條　邑會ハ官廳ノ諮問アルトキハ意見ヲ答申スベシ

邑會ノ意見ヲ徵シテ處分ヲ爲スベキ場合ニ於テ邑會成立セズ、招集ニ應ゼズ若ハ意見ヲ答申セズ又ハ邑會ヲ招集スルコト能ハザルトキハ當該官廳ハ其ノ意見ヲ俟タズシテ直ニ處分ヲ爲スコトヲ得

第十八條　面長ハ法令ニ規定スルモノ、外面ニ關スル左ノ事件ヲ面協議會ニ諮問スベシ

一、面規則ヲ設ケ又ハ改廢スルコト

二、歳入出豫算ヲ定ムルコト

三、法令ニ規定スルモノヲ除ク外面税、夫役現品、使用料又ハ手數料ノ賦課徵收ニ關スルコト

四、面債ヲ起シ並ニ起債ノ方法、利息ノ定率及償還ノ方法ヲ定メ又ハ之ヲ變更スルコト但シ第四十九條第二項ノ借入金ヲ除ク
五、基本財產及積立金等ノ設置、管理及處分ニ關スルコト
六、不動產ノ管理及處分ニ關スルコト
七、繼續費ヲ定メ又ハ變更スルコト
八、特別會計ヲ設クルコト
九、歲入出豫算ヲ以テ定ムルモノヲ除クノ外新ニ義務ノ負擔ヲ爲ス又ハ權利ノ拋棄ヲ爲スコト
十、訴訟及和解ニ關スルコト
面長必要アリト認ムルトキハ前項各號ニ揭グル事件ノ外面ニ關スル事件ヲ面協議會ニ諮問スルコトヲ得
面長ハ面ノ決算ヲ面協議會ニ報告スベシ
第十六條及第十七條ノ規定ハ面協議會之ヲ準用ス
第十九條　本令ニ規定スルモノノ外邑會、面協議會、邑會議員、面協議會員竝ニ邑會議員及面協議會員ノ選擧及其ノ取締ニ關シ必要ナル事項ハ朝鮮總督之ヲ定ム
第二十條　邑長ハ邑ヲ統轄シ邑ヲ代表ス

邑長ハ邑會ノ議決ヲ經ベキ事件ニ付其ノ議案ヲ發シ其ノ議決ヲ執行シ其ノ他邑ノ事務ヲ擔任ス

第二十一條　面長ハ面ヲ統轄シ面ヲ代表ス　面長ハ面ノ事務ヲ擔任ス

第二十三條　邑會ノ議決又ハ選擧其ノ權限ヲ越エ又ハ法令ニ背クト認ムルトキハ邑長ハ其ノ意見ニ依リ又ハ郡守若ハ島司ノ指揮ニ依リ理由ヲ示シテ之ヲ再議ニ付シ又ハ再選擧ヲ行ハシムベシ但シ特別ノ事由アリト認ムルトキハ邑長ハ道知事ノ指揮ヲ請ヒ直ニ議決又ハ選擧ヲ取消スコトヲ得

前項ノ規定ニ依リ爲シタル邑會ノ議決又ハ選擧仍其ノ權限ヲ越エ又ハ法令ニ背クト認ムルトキハ邑長ハ道知事ノ指揮ヲ請ヒ其ノ議決又ハ選擧ヲ取消スベシ

第二十四條　邑會ノ議決明ニ公益ヲ害シ又ハ邑ノ收支ニ關シ不適當ナリト認ムルトキハ邑長ハ其ノ意見ニ依リ又ハ郡守若ハ島司ノ指揮ニ依リ理由ヲ示シテ之ヲ再議ニ付スベシ但シ特別ノ事由アリト認ムルトキハ邑長ハ道知事ノ指揮ヲ請ヒ直ニ其ノ議決ヲ取消スコトヲ得

前項ノ規定ニ依リ爲シタル邑會ノ議決仍明ニ公益ヲ害シ又ハ收支ニ關シ不適當ナリト認ムルトキハ邑長ハ道知事ノ指揮ヲ請ヒ其ノ議決ヲ取消スコトヲ得但シ前項ノ規定ニ依リ更ニ再議ニ付スルコトヲ妨ゲズ

第二十五條　邑會成立セザルトキ、招集ニ應ゼザルトキ、會議ヲ開クコト能ハザルトキ又ハ議決スベキ事件ヲ議決セザルトキハ邑長道知事ノ指揮ヲ請ヒ其ノ議決スベキ事件ヲ處分スルコトヲ得前二條ノ規

定ニ依リ邑會ノ議決ヲ取消シタルトキ亦同ジ

第二十六條　邑會ニ於テ議決スベキ事件ニ關シ臨時急施ヲ要スル場合ニ於テ邑會成立セザルトキ又ハ邑長ニ於テ之ヲ招集スルノ暇ナシト認ムルトキハ邑長ハ之ヲ專決處分スルコトヲ得

第二十八條　面協議會成立セザルトキ、招集ニ應ゼザルトキ、會議ヲ開クコト能ハザルトキ又ハ諮問ニ應ゼザルトキハ面長ハ郡守又ハ島司ノ指揮ヲ請ヒ諮問ヲ經ズシテ其ノ事件ヲ處分スルコトヲ得

第二十九條　面協議會ノ諮問ヲ經ベキ事件ニ關シ臨時急施ヲ要スル場合ニ於テ面協議會成立セザルトキハ面長ニ於テ之ヲ招集スルノ暇ナシト認ムルトキハ面長ハ諮問ヲ經ズシテ之ヲ處分スルコトヲ得

第三十一條　邑會ノ權限ニ屬スル事件ノ一部ハ其ノ議決ニ依リ邑長之ヲ專決處分スルコトヲ得

第三十九條　邑面ハ其ノ必要ナル費用及法令ニ依リ邑面ノ負擔ニ屬スル費用ヲ支辨スル義務ヲ負フ

邑面ハ其ノ財產ヨリ生ズル收入、使用料、手數料其ノ他邑面ニ屬スル收入ヲ以テ前項ノ支出ニ充テ仍不足アルトキハ邑面稅及夫役現品ヲ賦課徵收スルコトヲ得

第四十一條　三ケ月以上邑面內ニ滯在スル者ハ其ノ滯在ノ初ニ遡リ邑面稅ヲ納ムル義務ヲ負フ

第五十六條　邑面ハ第一次ニ於テ郡守又ハ島司、第二次ニ於テ道知事、第三次ニ於テ朝鮮總督之ヲ監督ス

第五十八條　邑面ニ於テ法令ニ依リ負擔シ又ハ當該官廳ノ職權ニ依リ命ズル費用ヲ豫算ニ載セザルトキ

ハ道知事ハ理由ヲ示シテ其ノ費用ヲ豫算ニ加フルコトヲ得
道知事ハ邑面ノ豫算中不適當ト認ムルモノアルトキハ之ヲ削減スルコトヲ得
第五十九條　朝鮮總督ハ邑會又ハ面協議會ノ解散ヲ命ズルコトヲ得
邑會又ハ面協議會解散ノ場合ニ於テハ三ケ月以内ニ邑會議員又ハ面協議會員ノ選擧ヲ行フベシ但シ特別ノ事由アルトキハ朝鮮總督ハ其ノ期間ニ付特例ヲ設クルコトヲ得
第六十條　郡守又ハ島司ハ期日ヲ定メテ邑會又ハ面協議會ノ停會ヲ命ズルコトヲ得

附　則

道知事必要アリト認ムルトキハ當分ノ內朝鮮總督ノ認可ヲ受ケ第九條第一項ニ規定スル面協議會員ノ選擧ノ要件中面稅年額ヲ低下スルコトヲ得

以　上

昭和九年三月十四日印刷
昭和九年三月十七日發行

臺中市新富町五丁目二十八番地
著作者兼發行人　楊　肇　嘉

臺中市明治町一丁目五番地
印刷所　臺灣新聞社

臺中市榮町一丁目十九番地
發行所　臺灣地方自治聯盟本部

大正十二年二月七日印刷

朝鮮民情視察報告

同光會本部
東京市麴町區內幸町二丁目四番地
電話銀座 三二四七番・二五一七番

朝鮮民情視察報告目次

題言

朝鮮の現在は實に容易ならぬ狀態にある。而して之れが對策を講ずるには民心の狀態如何を究むるのが先決問題である。本會は曩に屢報した如く、朝鮮の民心を以て全然離反して居るものと認め、之れが對策に付曩に朝野の猛省を促したのであつたが、一方當局者側では力めて之れと正反對なる民心悅服說を以て否定して居る。

朝鮮の民心にして我が施政に悅服する事果して當局者の言の如くならんか洵に慶賀すべき事である。本會は何を苦んで殊更に異見を立て朝野の耳目を驚かす事を敢てしやう。然れども本會の之れを敢てして憚らざる所以は本會は飽く迄本會の所見の誤らざる事を信じ、而して其結果國家の大局に關する最も重大なるものあるを憂慮して居るからである。そこで昨年十月政友會代議士上塚司、憲政會代議士荒川五郎、無所屬代議士副島義一の三氏を一行とし、葛生小幡兩常任幹事をして之れが東道たらしめ、親しく朝鮮に赴き嚴正なる立場から各方面の人士に就き篤と其民心を叩いて貰ふ事とした。

此行、一行は出來得る限り公平と徹底とを期し、所謂親日、排日、中立或は在官者、在野者、或は儒生或は實業家等所在ゆる各派階級の人士を訪問或は引見に努められたが、其結果が此の報告である。即ち三代議士の所見も亦た民心離反の狀態に就て遺憾ながら本會が從來屢報のものと全然一致して居るのである。蓋し又た三代議士が其の觀察に公平であることは三代議士の人格に考ふる迄もなく、其の所屬する黨籍の關係に見ても直ちに明瞭することと信ずる。

凡そ事は自から其實情を知らざるより恐るべきは無い。殊に爲政の局に當る者に於て然りである。德川幕府の末葉に當り幕吏等は卽日迄も其倒壞を豫期しなかつたのであつた。淸朝の末路やロマノフ朝の末期亦た皆な然りであつた。現に大正八年の萬歲騷ぎに於ても總督府當局等は亦た皆な卽日迄も其勃發を知らなかつたでは無かつたか。蓋し是れ等は何れも突發的に事の其處に至つたのではない。悉く皆な其勃發以前に於て原因の積成せられて居るものがあつて、知らぬは唯だ當局者許りであつたのである。當局者にして若し之れを知つたならば豫め之れに備ふるの計を立て、其倒壞や或は其騷擾やは未然に防ぐことが出來た筈である。然るに彼等は何れも自から其の耳を掩ふて其の實情を聽かざらんとするに力めて居たのであつた。換言せば是れ自から招いた結果に外ならぬのであつた。

現在の朝鮮亦た然りで、本會は當局者の所謂平穩無事なる朝鮮の現狀の裏面に對しても頗る憂慮を禁じ得ないのであるが、況んや若しも此儘に放置する時には到底現狀をすら維持する事が出來ぬやうになりはせぬか。勿論帝國としては東亞の大局より一旦朝鮮を併合した以上、大局に必要なきに至らざる限り、現時の狀態に於て幾くら鮮人が騷擾したとて、何んなに外國が干涉したとて斷じて之れを手離すが如き事は無いにしても、結局國家には少なからぬ煩累を招き、鮮民には益々其前途を誤らしめ、遂には併合の大旨を沒却するやうになりはせぬか、恐るゝ處は實に此點にあるのである。

要するに朝鮮問題は未だ全く解決されたるにあらず、然かも之れが解決は其責獨り當局にのみ存するのではない、國民亦た一般に其責を頒たねばならぬ事と信ずる。本報告の目的は偏に朝鮮民心の實情を闡明して朝鮮問題解決の急務を朝野に會得せしめ、一日も早く之れが適當なる對策を講じて貰ひたいのにある。

在朝在野の僉君子、朝鮮の民心既に斯くの如くなるを見て尙ほ晏然として過眼すべきものなりや。或は速に之が對策を講ずるの急務を感ぜらるゝや否や、冀くは篤と熟慮を廻らされんことを。

大正十二年二月一日

同光會本部

朝鮮民情視察報告

一　日　程

十月十日　準備の爲め葛生氏東京出立、十日夜京城着、朝鮮ホテルに投じ、同所を一行の旅館と定む。

十月十三日　小幡氏副島氏と東京出發、荒川氏廣島より乘車、十五日夜京城に入る。時に南大門驛頭各會代表者其他の歡迎千五百餘名に達し、一齊萬歲を唱ふ。蓋し萬歲騷以後に於ける最初の群集的萬歲の三唱にして劈頭既に民心の如何を察せらる。

十月十六日　午前、四氏齋藤總督を同總督歸朝出立以前の時刻に同官邸に訪ふ、上塚氏熊本より到着、來客意見聽取。午後、李商在、兪星濬、朴泳孝侯各邸其他各會歷訪。夜、新聞記者を招待し一行視察の趣意を述ぶ、出席主客三十四名。

十月十七日　午前、來客意見聽取。午後韓圭卨邸及び各會歷訪。夜、朴侯爵邸の招宴に臨み、官吏、紳商數名と會談。

十月十八日　午前、來客意見聽取。午後、東亞日報社、京城法學專門學校、其他各會歷訪。夜、明月

樓に於ける各團體聯合歡迎會に臨む。出席二百餘名。司會者蔡基斗氏の挨拶、發起人代表朴勝彬氏の歡迎辭あり。荒川氏來賓を代表し謝辭を述ぶ。次で會員中六七人の青年あり、起つて朝鮮獨立の希望を絶叫す。辭氣激越、一時喧擾を呈せしも間もなく鎭靜す。蓋し亦た視察上の好材料たるを失はず。會後、食道園に於て發起人等の饗餐を受く。同十時、木尾辯護士等の茶話會に臨む。

十月十九日　午前來客意見聽取。正午、一行總督官邸の招宴に臨む。時に齋藤總督及有吉總監不在なるを以て丸山警務局長等之に代り、食後別席に於て意見の交換を爲し、午後四時半に及ぶ。同七時、一行歸途に就く。

△以上五日間の來訪者毎日の狀況は、各會代表又は地方出京者等午前の接見五六十名、時刻を過ぎ謝絶する者數十名、雜沓を見て諦め歸る者亦た數十名にして、來訪者中特に各地方出京者の分布殆ど十三道に及べり。

又た歷訪の各會は、商務總會、天道敎青年會、無產者同志會、勞働共濟會、啓明俱樂部、朝鮮敎育協會、中央青年會、朝鮮經濟會、朝鮮青年聯合會、民友會、維民會、小作人同志會、同光會總支部、大倧敎南道本司等とす。

十月二十日　午前釜山着。午後、甲寅會及釜山日報社主催國際館に於ける講演會に臨み講演を爲す。

夜、釜山ホテルに於ける同上主催の招待會に臨む。出席者三十餘名、主客意見の交換を爲し、同夜聯絡船に搭じ、二十一日山陽車中に於て各分袂す。

二 上塚司氏報告

政友會所屬
衆議院議員

一、緒言

吾等今回の行は誠に短時日であつた。然し乍ら其の得る所は過去數回の何れの行にも優りて多かつた。吾々は早朝から午後の三時頃迄日々數十の訪客に應接した。此等の人々は十三道の到る處から押し寄せて來たもので、あらゆる階級の人を網羅して居つた。

吾等は又午後三時以降の時間を利用して京城に於ける朝鮮各界の識者を訪問した。其の内には儒者もあつた宗教家もあつた、又實業家、官吏、新聞記者等もあつた。貴族、地主階級の人々の言ひ分を聞くと共に無產者同盟や小作人組合の本部をも訪ふて隔意なき所見を交換した。

彼等は何れも熱烈に其の意見を發表した。吾々は唯默々として其の片言隻語に注意した。別項記載の摘錄は其の際私が備忘の爲め其の要領を筆記したものである。之れを讀む人は現今に於て朝鮮の民心が如何に惡化しつゝあるやに一驚するであらう。

然るに朝鮮總督府の當事者は裝ふて然か言ふのか、或は又其の實情を知らずして言ふのか、常に大樂觀の說を唱へて

「朝鮮は今や諸般の施設漸次徹底するにつれ、人心悅服し不穩の狀勢は漸く鎭靜し、遠からず眞の平和を享樂するに至るべし」

と宣傳して居る。加之偶ま苦言を呈するものがあれば

「或る種の人々は、常に朝鮮は平靜でない、表面は兎に角裏面には險惡なる潮流が流れて居ると主張して總督府の聲明に每も反對せられるが、思想上の方面は別として、大體時局に關する犯罪の件數を見ても年々減少の傾向がある――、國境四道に於ける犯罪の著しき減少を見せて居るから、朝鮮が漸次平靜に赴きつゝある事は嚴然として動かすべからざる事實である」

と言明して居る。

統計の上に現れ來る犯罪の件數を以て朝鮮の內狀を卜知し、統治の方針を定めんとするが如きは皮想の考へも甚しきもので、吾々は其の大膽さに對して慄然たらざるを得ない。犯罪件數の少くなつたのは、過去の經驗に鑑みて、朝鮮人が其の目的を達せんとする手段方法を改めて來たからである。

大江の流漫々として一波起らず、見渡す所誠に平靜であるが、水面下には狂濤奔激、何物をも捲き込まざれば止まざるの狀態が今日の朝鮮である。

徒らに水面上の觀察に依つて其の眞狀を誤り、我が國策の大本を瑾くるが如き事あらんには、其の罪萬死を以てするも賠ふ事は出來ない。吾輩は總督府の聲明に對しては萬斛の憂患を抱くものである。以下私は今回の視察行に依つて得たる朝鮮觀の概要を述べて識者の猛省を促し度い。

二、朝鮮人思想の分派

今日朝鮮人の考へを分類して見ると大略左の通りに分ける事が出來る、無論之れは私獨斷の分類法で實際に於て確然と斯く分れて居るのではない、大體の傾向がこうであると言ふ迄である。

一、參政權論者。此れは朝鮮人にも參政權を與へよと絕叫して居る一派である。

二、自治論者。此れは朝鮮にも速に自治制を敷けよと要求するものである。

三、內政の獨立論者。此れは我が　天皇陛下統治の下に於て軍事、外交を除く其他の總てを獨立せしめよと論ずるものである。

四、絕對獨立論者。此れは朝鮮は絕對的に朝鮮人の朝鮮である、無條件にて直に獨立せしめよと呼號するものである。

五、赤化論者。此れは今日日本に獨立を要求したとて獨立を許すものではない、無駄な事だ、朝鮮民族を今日よりもより幸福ならしめるには赤化より外には道がないと考へて居るものである。

右の内參政權、自治權を與へよと論ずるものは非常に少數で、よし有つても此等のものは穩和派だ、微温派だ、賣國奴だ、との攻擊を受けて排斥せられて居る、故に心中斯く念じて居つても口外するものもないと云ふ有樣である。內政の獨立論は主に有力眞面目なる識者の間に唱へられて居るもので、此の論者は多く從來絕對の獨立論者であつたが、世界の大勢、日本の地位並朝鮮の內狀に鑑みて、卽時絕對獨立は到底不可能なる事を悟つて、稍可能性を帶びると見らるべき內政の獨立より進まんとするものである。絕對獨立論は民心に投じ易く今日大多數の鮮人が熱烈に唱へて居る所のものである。殊に青年氣を負ふの士は悉く此の派に屬するものである。赤化論は同じく多く青年者流に依て高潮せられて居るが、殊に在外鮮人の間に多きを見る。滿洲、沿海州、上海等に在住する鮮人の內で此の派に屬するものが極めて多い。在東京の學生の心理狀態も殆んど此れに傾いて居る。然し鮮人全體の人口に比例せば未だ此の派に屬するものは少數と稱して可なりである。

右樣の次第で、今日朝鮮千七百萬の民族中、其の最大部分の者が要求して居る所のものは何であるかと云ふに、それは言ふ迄もなく絕對の獨立である。

三、獨立に對する論據

然らば彼等が、獨立に對する論據は何れにあるかと調べて見ると、大畧左の三點に歸着すると思はれる。

一、併合の動機並に其の後の政治に對する不滿

此の論者の言ふ所に依れば、國家と國家との併合なるものは、素より民族同志の心からなる融合ではなく只日本の强制により一部の奸臣共が之れに和したのである。言はゞ二人の者を無理矢理に縛つて一身同體だと言ふ樣なものである。眞の一身同體とは、一つの體に兩手があるが如く同じ血が通ひ同じ考へのもとで動くものでなければならぬ。然るに、日本は此の形式上區劃上の併合を以て眞の併合と考へて居るのである。一寸見た所で、日本は朝鮮を縛つて提げて居るかの如く見へるが、縛られて居るのは朝鮮許りでなく、日本も同じく縛られて居る。苦しいのは朝鮮許りでなく日本も同斷だ。

一歩を讓り、併合は併合として、其の後の政治はどうかと言へば、併合其ものが民族愛としてゞはなく、單に形式的、區劃的のものに過ぎなかつたが爲めに、其の統治の方針も形式的、區劃的になつて來たのだ。無理矢理の併合は無理矢理の政治を生んだ、不自然の併合は政治向にも自ら不自然となつて來たのだ。

右の樣に現今の併合は、精神的融合より來たものでなく單に形式的、區劃的のものであるから萬人の間に不平不滿が充溢して居るのだ、故に今のまゝではどうしても立つて行く事が出來ない。而して

此の不平不滿を除去する事は現今の區劃的、形式的併合を解除して鮮人をもとの自主獨立の地位に返すより外は無いと言ふのである。

二、民族は各獨立すべきものであつて、他民族に依て支配統治を受くべきものでは無いとの論據に根柢を置くもの。

民族自決の要求は今や世界の大勢となつて居る。殊に歐洲大戰後デモクラシーの叫びと共に米國大統領ウキルソンに依て唱道せられたる民族自決の標榜はいたく朝鮮人の頭を刺戟し、同時に、戰後歐洲の眞中に民族を基礎とする十一ケ國の新國家が勃興し、其の後「ペルシャ」「アフガニスタン」「エジプト」等の諸國が舊統治國の羈絆を脱して相次で獨立し、印度、土耳古の獨立運動が其の勢を得るに連れ、此等の事實は一層に朝鮮人の民族的自覺を促がし、教育の普及、産業の發展に伴ひ、益々其の强さと深味を増加し來つた事は明かなる事實である。

此の種の運動者の最も惧るゝ所は、政治が甘く行はれ、取扱が公平になり、自由が認められ、世の中が平靜になつて、獨立要望と云ふ精神が次第々々に磨滅して仕舞はせぬかと云ふ事である。故に之れが對策として常に民族的自覺心に刺戟を與へて行かねばならぬ、此れを怠つて民族的要望が磨滅する事になつてはならぬと云ふことである。此の防止策としては、如何なる問題を捕へても、如何なる事件を取扱ふにも常に此の目標を彼等の腦中に置いてやるのである。從つて朝鮮の統治が縱令昨年よりは今年、昨日よりは今日と、段々よくなつて行く事を十分に承知して居つたにしても、善良なる事實は之れを蔽ふて殊更にケチを付け、如何なる善政をも崇拜、謳歌せしめない樣に努力する傾向がある。又他の一面に於て最近の著しき現象は朝鮮青年の間に歴史を研究する風潮が非常に盛んになつて來た事である。朝鮮の國粹を誇張せる書物が非常に良く青年の間に讀まれる。李大王の如きも、其の朝鮮史の上には一個の英雄として盛に血を湧かしめて居る。此れも結局は獨立心、民族自覺心を刺戟せんが爲めの手段に過ぎない。

三、生活の窮迫に基因するもの

此の論者の言ふ所は、此の儘日本の政治が續いては、吾々朝鮮人は生活の困難から遂に滅亡より外は無いと云ふのである。

而して其の言に依ると、今や朝鮮人は士、農、工、商共に行詰りである。其の何處に於ても活路を見出す事が出來ない。

(イ)士に相當するは官吏であるが、今日朝鮮人が外國に留學して歸つても郡守位に外なれない。一生役人をしても其の最上地位は道知事位である。其の道長官も十三道の中朝鮮人の爲めに留保せられて居るのは僅に三四名に過ぎず、他は悉く日本人を任ずる事となつて居る。然も其の極めて少い機會に於て贏ち得たる長官も、事實の上に於ては其の名あつて實がない、卽ち折角或事柄を決裁しても若し其の部下である日本人內務部長が之れに反對する時は、總督への唯だ一通の手紙を以て長官の決裁は否認せられる。此の事は郡守、面長、小學校長に至る迄同樣である。此の如き狀態であるから、今日朝鮮靑年の間には、官吏になり度いと考へて居るものは殆ど無い樣になつて來た。

（ロ）農業に就て言へば、日本の統治以來到る所の田畑は或は特殊會社の手に、或は又日本資本家の手に引上げられ、一度日本人の手に收められんか、朝鮮人は直に其の土地から追放せられる。元來朝鮮の農民は其の大多數は小作人である、此等の小作人は先祖代々數百年同じ地面を小作し、其の土地の上には殆ど所有權を有するが如き感を抱いて居る。斯樣な土地も一度日本人の手に入ると、日本人は朝鮮人の風俗習慣を無視して、從來の小作人を追放し、代ゆるに日本人の小作人を以てする。一戶の日本人が來ると五戶の鮮人は去らねばならぬ、五戶の日本人が來ると二十五戶の鮮人は其の職を失ふ。斯の如くして追放せられたるものは、日本に對して無限の怨を抱いて多年住み慣れた墳墓の地を去り國內の他の地方か或は又國境外に去るのである。斯樣に慘酷な事が何處にあるかと言ふのである。

（ハ）次は工業であるが、工業に對しては朝鮮人は其の技術を持たない、其の資金を有せない。又其の原料にも乏しいのである。故にどうしても日本人の技術と資金とを必要とし、其の誘掖指導に俟たねばならぬのであるが、日本人は朝鮮を觀るに日本の工業製品の市場、消費地を以てし、朝鮮を生產地としてやらうと云ふ親切は毫頭に無い樣である。之れでは工業も到底發展の見込はつかぬと言ふのである。

（ニ）商業は何うであるかと云ふに、商業に最も緊要なものは金融機關である。然るに其の機關たる朝鮮銀行、東拓、殖産銀行等は日本人に對しては非常によく便利を計つてくれるが、吾々朝鮮人に對しては誠に冷酷である、場合に依りては殆んど融通してくれない、從つて日本人とは此のハンディキャップがある爲めに到底商業戰に於て相對抗する事が出來ない。

斯くて今や朝鮮人は、士、農、工、商、何れの方面にも其の行く道を鎖されて居る。此れは日本人統治の結果である。今にして日本人の手より朝鮮を開放する事が無かつたならば、朝鮮人は自然の滅亡のみと言ふのである。

以上は朝鮮人の獨立に對する論理的の基礎である。吾輩は總て此等の朝鮮人の言ふ所に聽從するものではない。唯朝鮮人の腦裡に閃めいて居る獨立要求の聲が何處に其の根を發して居るかを闡明したのみである。

要するに今日叫ばれて居る獨立論は或は併合の動機に對する不滿に發し、或は民族自決主義より來り或は又生活の窮迫に原因して高唱せらるゝもので、漸次其の言ふ所が論理的となり、秩序あり根柢あるものとなつて來つゝある事は明かなる事實である。從來の如く、之れ迄よりも、より良き政治が行はるればそれで良いではないかと云ふ様な、ボンヤリとした考への下に動いて居つた時代は早や昔の夢と去つて、朝鮮人の要求や、其れを達成せしめんが爲めの運動が、以上の如き極めて明白なる基礎の上に立つ樣になつた事は現在之れが統治支配の任に當つて居る日本としては、深甚なる注意を要する所である。

私は之より更に一歩を進めて、朝鮮人の獨立運動が現在如何なる手段方法に於てなされつゝあるか又將來如何なる傾向に進むべきかを明確にし度いと思ふ。

四、獨立運動の方法並今後の趨向

然らば朝鮮人が如何なる手段を以て其の獨立を達成せしめんとして居るかと言ふに、最初は武力又は暴力を以て獨立を圖らんとする所謂武斷派の勢力が多數を占めて、其の激發する所は遂に大正八年三月の萬歳騷ぎとなつたのである。

然るに、其の結果はどうであつたかと云ふに、此等獨立運動者の期待は全然裏切られて、遂に何物をも贏ち得なかつたのである。或は總督府に爆彈を投じ、或は一二の大官を殪して見た所で、朝鮮の獨立を招來するには大した影響はない。それ許りでなく、朝鮮民族一千七百萬の者が一齊に起つて獨立を要望したが、その事は日本國民に何等の反響を及ぼさないと云ふ有樣であつた爲に、朝鮮人も漸く反省して、之れは武力や暴力を以て日本に對抗せんとしても到底及ぶ所でないと云ふ事を悟つて、爾來暴力に依つて獨立を敢行せんとする武斷派の勢力は薄らいで漸く文化政策による所の手段が選ばれるに至つたのである。

即ち文化的の手段として、獨立運動者が取つた第一の政策は列强に訴へ其の同情援護の下に獨立を期すると云ふ事であつた。彼等は先づヴエルサイユ會議に人を派して、あらゆる事情を列强に宣傳し且哀願した。次で華府會議の開かるゝや、同じく人を派して盛に宣傳を試み且請願をなす所があつた。然し乍ら巴里會議の際も、華府會議の際も、朝鮮問題は遂に一顧だもせられなかつた。而して問題は極めて輕々に取扱はれて、其の示威運動や請願書の提出の如き事件も全く小さな活字となつて報道せらるゝに止まり、遂に何等の好結果を齎らす事が出來なかつたのである。其の結果として、只今は外國の力を惜り、列國の國際關係を利用して、獨立を計らんとしても、それは到底駄目であると自覺するに至つたのである。

此れと同時に、文化的運動の手段として取つた他の政策は、日本の朝野に宣傳して、朝鮮を獨立せしむる事が日本存立の上より將又東亞共立共榮の上より見て、最も緊要なる所以を、日本國民全般に周知せしめ、圓滿なる了解の下に其の目的を達成せしめやうとしたものであつて、之れは先年呂運亨に依つて試みられたのであるが、其の結果も前同樣日本國民の注意を喚起し、其の同情を摶する事は出來なかつたのである。

右の事情で、列國の力に依賴せんとする事も又日本に說いて其の了解の下に獨立せんとする手段も、何れも大失敗に終つたので玆に第三の時代は現出して來たのである。

それは、もう賴る可き所は何處にも無い。朝鮮の獨立は自分の力に賴らねばならぬ。自分で獨立し得る力を養ふより外に往くべき道はない。然るに自ら顧みて見ると、朝鮮自體には、何等の財政力なく、何等の武力なく又何等の產業なき現狀であるから、先づ文化を促進し、產業を發達せしめ、實力を養つて獨立を根强く將來に期すると云ふ風になつて來た。故に其の結果として文化の基礎である敎育の普及を絕叫し、國家富强の基である產業の開發を要求するの傾向を生じ、然も敎育制度を論じても又產業政策を論じても、著しく民族的要望の精神が濃厚に現はれて來て、敎育は要するに朝鮮人の爲めの敎育でなければならぬ、產業も同じく朝鮮人の爲めの產業でなければならぬと叫ぶ聲が高くなつて來たのである。

然し乍ら此の傾向を有するものは朝鮮民族千七百萬の極く小部分で、至極眞面目な部類に屬する人達である。而して大部分の人々の心は、かゝる希望光明とは全く沒交涉で、もう此の樣な有樣では、外國に賴つても駄目、日本に期待しても駄目だ。何もかも駄目だ。此上は赤化より外は無い、赤化だ！赤化だ！と云ふ風に自暴自棄的の最も悲しむべき心境にある事は最も遺憾な事である。

此の赤化を言ふ者の内には、赤化は目的に非ず獨立を達せしめんが爲めの手段であると言ふものと、始めから國家の存立を認めない一片の理論より出發して居るものとの二つがある。

此れは何れにしても非常に朝鮮人の耳に入り易きものである。蓋し朝鮮人の多くは勞働者と小作人である。勞働者はやがて勞働者の世界になるからと云つて赤化を歡迎して居る。又農民の多くは小作人であるが、朝鮮では小作制度が決つて居ない、小作の年限も定めもない。小作料は大抵半々であるが、其他に色々の負擔がある。税金の負擔さへ小作人側でする所がある。從つて小作人は非常に困窮して居る。即ち此の困窮から救はれる手段として赤化を喜んで居る。更に一般靑年は閉鎖せられたる前途に光明を見出すべき唯一の手段として赤化を歡迎する傾向がある。

五、結論

以上の如く今や朝鮮人の傾向は非常に惡化して居る。速に對策を講究して徹底的の施設を講ずるに非ずんば帝國將來の禍根は到底除き去る事は出來ぬであらう。

由來我國民は朝鮮の事と言へば兎角之れを輕視し、朝鮮問題が直に吾が對支策、對亞細亞策、對世界策に最も重大なる關係を有する事に氣付かない。

日露戰爭後に於ける我が對朝鮮政策が、如何なる意味に支那人、印度人、安南人其他世界人に響いたか、恐らくばそれは豫想の外に出づるものがあらう。日本にして眞に世界的の大野心を有するならば先づ第一に朝鮮政策に成功せねばならぬ。朝鮮の統治にすら失敗するが如き事があつたならば、それこそ日本國民は世界的に其の力を伸ばすべき資格無きものたるを自白するものである。私は此の意味に於て日本朝野の士が朝鮮の問題に就て深甚の考慮を費さん事を希望するものである。

三　荒川五郎氏報告

憲政會所屬
衆議院議員

近頃朝鮮人は漸次總督政治を諒解し、一般に融和し來つて、次第に良好の狀況を呈しつゝあり、と朝鮮總督を始め朝鮮の官人は說かれつゝあるが、是れ腹から斯く信じて居らるゝのか、但しは心中の憂慮を包み、只表面に於て便宜上斯く云はるゝのか、色々に問ひかけて見、探つて見るに、眞實に心から斯く信じて居らるゝやうに思はれるが、果して然りとせば是れ實に由々しき大事と思ふ。

大正八年の萬歲騷ぎ以前に於て、總督府の官人は、皆同樣に考へて居つたのである。然るに意外の騷ぎが突發して、初めて驚き騷いだのである。此れも總督府から云へば突發か知らないが、斯る大騷ぎが決して偶然的突發的に起り得るもので無いことは明白である以上は、所謂知らぬは亭主ばかりなりけりでは無いか。

それ以來朝鮮の人心は中々に險惡である。而して其險惡の人心を融和すべき何等の徹底的方法を施さないで、人心が平穏になり得る筈が無い。若し今にして平穏になる位なら、當時の騷ぎは起らなかつた筈では無いか。

只近來文化政策々々々と頻りに高唱されつゝあるが、其やり方なるものは、朝鮮人の逃げ去る後を追ふて遲れ〳〵に犬の遠吠の眞似をする有樣で、これで何の徹底があらうか、何の融和が得られようか。

政治の要は人心を收攬するに在る。人心を收攬するは感情を支配するにある。感情を支配するには感情の交換が行はれねばならぬ。言語通ぜず意思を完全精確に表はすことが出來ないで、何ぞ感情を通ずることが出來ようぞ。

通譯によることは、通譯がタトヒ誠心誠意に之を通達することを勉めても、到底自ら直接に自由に表示するに及ばざること遠きは勿論、殊に思想感情は其人の其時によりて自然に湧き出づるもの。如何にして之を完全に精確に譯述し得ることが出來ようか。通譯の用辨は靴を隔てゝ痒きを搔くよりも尙多く物足りないことは、蓋し當然である。況や知識違ひ思想異なる人に、其相同じき效果を望むの無理であることは謂ふまでも無い。

通譯に果して全部誠意の人たるを望み得べきか。通譯によりて事をあやまること少からざるは決して想像するに難からずである。通譯の胸中に好感存しない場合、又は其關係の問題を自己に利用し利益し得らるゝと思ふ場合等、如何に双方の不利不幸を醸すことがあるであらうか、多くの事實を擧ぐるまでも無いことである。

朝鮮銀行、東拓會社、殖產銀行は、我政府が依て以て朝鮮の振興發達を圖らんとする機關に相違無いが、朝鮮人は是れを以て朝鮮人を驅逐する武器兇器として居る。實際に於て意思疏通せざる爲め、斯る誤解を生ずるの止む無き場合と認むるものが少くない。

然るに齋藤總督は朝鮮語を解するを便とするも、併し解せずとも濟むから云々と云はれた。是れ解せずして濟むのでは無い。只濟ますのである。濟ますのでは無い、濟むとするのである。實際は中々濟まないのである、濟まされないのである。

斯くして通譯により、又上に阿ねる下官の諂諛の言を信じ、朝鮮は漸次平靜に歸しつゝありと思ふのは、實に憂嘆の至りで、或は噴火山上に居眠りを爲しつゝある狀態ではあるまいか。

此度の行、朝鮮各方面の人々に接觸することを得て、人心の一斑は之を窺ひ知ることを得た。それ等は副島上塚兩代議士の報告中に委しいやうであるから、私は一切之を省く。又諸般の施設等に就ても甚だ其意を得ないものが少くないが、それも他日の機會に讓り、今は玆に只所感の一端を述べ以て責を塞ぐ。

（以上）

四　副島義一氏報告

法學博士、無所屬
衆議院議員

今回余等の朝鮮旅行は、時日が僅少であつた爲め、諸方面に渉り十分の視察を遂げ得なかつた事を遺憾とする。且つ其の見聞し得たることも、一々其實狀を再覈するを得なかつたので、或は多少の誤謬あるを免れないかも知れぬ。因て唯だ玆には余の見聞と感想の一班を畧述するに止める。

今回の視察に於て著しく吾人の感觸したることは朝鮮一般に民族思想の大に勃興し來りつゝあるの狀勢である。是れ蓋し朝鮮は兎も角も數千年來の文化と歴史を有する所であるから、敎育の普及に伴ひ自覺心を刺擊した當然の結果なりと謂はねばなるまい。況んや朝鮮人經營の諸種の新聞紙、雜誌、公私の講演會及び其の他の會合に於ては熱心に民族思想を宣傳し鼓吹し勸奬するに於てをや。

旣に此の民族思想が一般の胸中に扶植せらるゝや、獨立の要求が起るのは自然の勢である。是に於て獨立の運動及び宣傳が暗々裏に又は公々然として行はれつゝある狀態である。加ふるに此の獨立の要求を激成する要素も亦た常に增加して來て居るのである。

其の一は高等無職者則ち浪人の增加である。從來朝鮮の讀書生（所謂兩班）は政府の官吏となるか、又は學校の敎師と爲り、一般民衆の上に立ち物質上精神上の需要を充たすことを得たのであつたが、併合以後は內地の官吏、敎師等が多く轉任し來り、鮮人の讀書生は普く其の相當の地位を得る能はず殊に外地の遊學から歸來した者は一層就職の機會を得難く、失意の巷に彷徨せざるを得ないのであるが、此等は相率ゐて所謂高等浪人と爲り、不平の結果、集會出版等の方法で專ら獨立思想を鼓吹し、又は之れに從事することになつて居る。

其の二は歐羅巴大戰に原因せる世界的經濟上の逼迫は朝鮮にも亦た其の餘波を及ぼし來り、一般的生活の困難を感ぜしむるに際し、總督府の山林、原野、沼池、蘆田、墓地、漁場等の整理處分、開墾事業及內地人の移住、事業經營等の爲めに從來朝鮮人が自由に利得して居た場所が益々侵蝕せられ脅迫せらるゝので、生活不安の念は一層劇しくなつたのである。彼等は是れも畢竟日韓併合の惡結果と看做し、獨立思想の方に益々逐ひ込めらるゝ狀況は明らかに看取することが出來た。凡そ此等總督府の處分及び內地人の事業は、悉く不正當のものゝみにはあらざるべきも、朝鮮人は概して之れを自己の生活を脅威するものと看做して居るのである。

其三は歐洲大戰後平和會議に於て主として米國に依り唱へられた民族主義の主張、及び世界各方面、例へば埃及、波斯の獨立、印度に於ける獨立運動等に刺撃せられ、其他支那に於ける租借地返還運動、英領地及北米の排日政策の宣傳、日本に於て政府攻擊に用ひらるゝ日本の孤立論等の言動に動かされて、愈々朝鮮獨立の思想を培養するに至るの傾向がある。是れは主として所謂新思想者に多く見受けらるゝ所である。

其四は朝鮮人に直接する内地人官吏が朝鮮語に熟達する者少なく、朝鮮の民情や其心理を熟知諒解せず互に意志の疏通を缺き、諸事に乖離を來し易きにある。況んや其間故意に不理不正を肯行しやうとする者が少なからぬため、愈々彼等の不平を釀成する許りなるに於てをや。警察收税等に對し常に不平の聲の絶へざるのも、寔に其謂れが無いのではない。現時の裁判制度の如き、舊韓國時代に比し大に進歩して居るのは事實であるが、其良制たる結果を擧げ得ないのは、裁判官が言語に通ぜぬため、尋問聽取宣告判決、皆な悉く通譯によるので、其通譯が中間に居て種々の非違を侵すからである。

其の五、朝鮮に於ては、儒林は元と社會の風敎維持者であつたが、是れ亦た今では其立場に依りたる不平を訴へて居る。曰く「總督政治の行はれてから、其警察官及び其他の官吏は唯だ朝鮮在來の思想と風敎を破壞し、朝鮮の社會をして全く異土化せしめて居る、吾人は之にれに堪ゆる事ができぬ。朝鮮は宜しく獨立して其固有の風敎を維持せねばならぬ。朝鮮四千年來の歴史中今日の如く他の侵犯を受けたることなし」と案を叩いて慨する者があつた。

此の如くにして目下朝鮮各方面各階級の者は、各其の受けつゝある不利の點に顧み、又は其の立場や特殊の見解やに基づきて不平を鳴らし、以て其の獨立を鼓吹して居る。是れが一般の風潮である。或る一二の者は獨立の運動及び鼓吹を目下の急務とせず、之れを他日の問題とし、目下は唯だ民族の基礎を築造するが急務であると說いて居た者もあつた。其の基礎の築造とは卽ち實力の養成である。

教育の普及と殖產興業を現時の急務として、總督府が此方面に全力を注がんことを主張し、而して目下の施設には大なる不滿を抱いて居るのであつた。內政獨立を唱ふる者も亦た他日の獨立を期するものと見てよからう。

又た如何に總督府に好意を有し、又は好意を有せざるべからざる側に立つ者でも、少なくも總督政治の缺陷、不正、暴行を指摘し不平を唱へぬ者は無い。中樞院の顧問、議員其他の官廳に仕官して居る者でも皆な左樣である。

實に朝鮮の目下に於ける一般の風氣は、獨立を唱へ、總督政治の不平を訴へ、機會ある每に內地人に反抗を試みねば止まぬ有樣である。亦た此の如き擧動を爲さねば一般の擯斥を受くるの狀態を馴致して居るのである。十年前彼等が內地人に對した狀態とは雲泥の差がある。

總督府でも亦た之れに焦慮し、種々の手段を講じて居るやうではあるが、未だ其の肯綮を得て居らぬ如うである。昨年來先づ諸般の法制を整備し、中樞院を變改し、道評議會、府面協議會を設定して、是れは將來自治制を行ふ階段であると宣示して居る。又た鮮人を召集し、諸種の諮問及び評議を爲さしめたこともあつた。併しながら一方鮮人の有識者は之を以て姑息とし、他方一般人民は痛痒の感覺を持つて居ないので、折角の法制も能く利用されず、未だ何等の實效を擧ぐるに至らない。蓋し是れは政治の根本に大なる缺陷があるに由るのである。卽ち法制を運用して實效を收め得べき適材が當局の中に缺けて居るからである。日下總督政治の弊は法制備はりて人才が之に適應せぬのにある。初め現總督の任に就くや、所謂文化政策を採ることを宣言した。而して先づ憲兵制を廢して巡査制に代へた。然かも其の善政は毫も徹底せなかつた。鮮人は依然として何等の實益も受けなかつた。某名士の批評に曰く「現總督になつて變更されたことは唯だ一つある、憲兵の服裝が巡査の服裝に變更されたのが夫れである。他には何も變更されたものはない」と、此の一語で克く全班が說明されて居る。

目下鮮人は唯だ總督政治に依賴せぬ許りでなく、反て輕蔑侮慢嘲笑を以て迎へて居る風がある。鮮人の仕官者たる郡守警官にして內地人を凌辱する者も亦た漸次出て來て居る。今や總督政治は威嚴德望兩つながら之れを失して居る。威德兩失、是れが總督政治の一大疾患である。

飜て、鮮人の獨立首唱者に於ても亦た確實なる方法を立てゝ其實行を計畫する者が見へないやうである。殊に運動費の無いのに困窮して居るやうである。そこで現在では唯だ自暴自棄的の擧動を敢行し、以て多くとも宣傳的實行を爲す位に止まつて居るやうである。而して一般人は唯だ漫然として何等歟の騷動起るべしとの疑惑の中に迷ふて居る狀態である。然しながら一般人をして斯かる不安の狀態に迷はしむるすら政治上の一大危險で、爲政者の大なる注意を拂はねばならぬ所であらう。

又た朝鮮統治の爲めには西伯利及び滿洲に散在する鮮人の處置を忽諸に附してはならない。國境以外の鮮人は其數二百萬と稱せられて居るが、之れ等在外者の擧動は直に鮮地に密接の影響を及ぼすのである。故に此の在外鮮人を治むるのは實は朝鮮内地を大に治むる所以である。之れに就ても是非とも相當の方策を立てねばなるまい。

鮮人の獨立運動を爲すのは必ずしも無理と言ふことが出來まい。之れは民族思想の勃興の結果止むを得ざる所と思ふ。然れども有識の鮮人には朝鮮が果して絶對獨立を爲し得べき實力を有するやは大に疑問とされて居る。故に假りに獨立した所で、其獨立後に於ても結局日本の好意を求め日本と堅き提携を結ぶを必要と認めて居るやうである。是れ宇内に於ける國際競爭上然らざるべからざる許りでなく、國家には自から立國の諸要件の具備の必要を知るに由るのである。又た日本から見るも朝鮮が絶對獨立して全然日本と分離するは國防上國家の存否にも關する重大問題であることは言を待たぬ所である。是れ抑も併合なるものが自然に此の兩者の必要から行はれた所以である。夫れ既に兩者が相提携し相協戮する必要を認める以上は今更に分離し獨立を計るの謂はれは無いのである。唯だ其の獨立を叫び、不平を訴ふるに至る所以の原因を芟除せねばならぬ許りではないか。當局は宜しく正當且つ相當の政治と待遇とを以て善政の徹底を期すべく、内地人は誠實と同情とを以て彼等に接せねばならぬ所である。苟くも公正と誠實とを以てせば互に相悦服し信頼し此に鞏固なる關係が結ばれ得ざるの理が無いのである。要するに日本は宜しく朝鮮に向つて正當と相當な政治と待遇を爲すことが刻下の急務とすべきである。而して之れが卽ち朝鮮問題解決の基礎である。

五　朝鮮民意聽取錄

朝鮮視察中日々五六十名の接客に對し、三代議士は常に冷靜愼重に其所說を聽取されたが、就中上塚氏の如きは一々筆を執つて彼等の述ぶる所を筆記に力められたのであつた。本記錄は卽ち上塚氏の筆端に上つたもの、及び其の他一二の所說に要領を得たものを採つたので、以て一行の觀察上に於ける根據を證せられる事と信ずる。但し現狀に關する謳歌者に至りては、數百の對談者中一人の之れを見ることができなかつたことを遺憾とする。（編輯者附記）

（一）李　起　晚　氏

同光會總支部常任幹事
朝鮮內政獨立期成會常務委員

十月十六日午前より訪客群集し來る、談話は先づ李氏より始まる。

私は今春議會に提出せられました朝鮮內政獨立に關する請願書の內容を見て甚だ不滿足に思つて居る者の一人であります。卽ち其の內容は全部總督府統治の善惡を云々致して居りますが、之れは第二の問題であります。

私等は總督政治の善惡如何に拘らず日本民族と朝鮮民族との民族的關係から朝鮮の獨立を必要とするのであります。御承知の如く朝鮮民族は四千年の歷史を有し、日本とは習慣其他諸般の制度を異にして居ます。故に治者と被治者との間に相互に異民族なりと云ふ感情が拭ひ去るべからざるものとなつて居ます。されば日本民族は感情の上よりしても朝鮮民族を同等のものとして取扱はず治者が被治者に君臨するが如き態度であります、随て當局の統治策は常に

「朝鮮民族は幼稚である故に日本の力を以て開發せねばならぬ」

と云ふが如く一種の劣等人種扱に致し居る傾があります。勿論今日の所からすれば、いくらか幼稚なる點は私も承認します、然し乍ら幼稚なるが故に他に倚らねばならぬ理由は毫頭ないのです、幼稚なれば幼稚なる其の程度に於て自身で開發の路を辿らねばなりませぬ。でなくて徒らに強制的に他の力を以て如何に文明の制度を敷いたとて、眞に開發の事は出來ないと思ひます。

此れ迄内地人が數十百回となく朝鮮の視察に見へます、然るに一度だつて眞に朝鮮の實狀を見て歸つた人がありましやうか。南大門の驛から此處（朝鮮ホテル）迄來て見ると坦々たる道路、宏壯なる建物、人車絡繹、如何にも一見して發展したかの如く考へられます。然るに眞に朝鮮人がそれ丈發達をしたでありましやうか。其の眞情を極むる時に、あなた方はそれは單に朝鮮にある日本人が發達したのみで、朝鮮人自身の經濟、文化と云ふものは却て退歩して居る事を發見せらるゝでありましやう。

私が考へまするに、今日總督の統治策は、朝鮮人を本位として朝鮮人を治めると云ふに非ずして、朝鮮に於て日本人を發達せしめんが爲めに日本人の爲めの政治を行つて居るものである、随て總督の

政治が朝鮮民族に滿足を與へないのは當然である。故に今日の狀勢に於て總督政治の善想を云々し、不平を申しても夫れは無效の事である、馬鹿らしい事に過ぎないと思つて居ます。

大多數の朝鮮人は此の意味に於て內には欝勃たる不平を持ち乍ら絕望して總督政治の不滿を訴へずに居ります。然らば朝鮮民族は此のまゝに統治せられ又は滅亡するかと云ふに、我が二千萬の朝鮮民族が、何等精神的自覺なくして此のまゝ推移するものとせば格別、然し乍ら、今や民族的自覺に動き、四千年の歷史と朝鮮自らの文化に眼醒めて、我民族の如何なるものなるかを十分に會得致して居る吾が朝鮮民族は如何なる統治下に於ても如何なる壓制殘虐の下に於ても決して滅亡する事はないのであります。是れを思へば總督政治の採るべき手段方法は自ら會得せるべきものなる事を信ずるのであります。

私は以前絕對獨立を說へて居つたものである。夫れが內政獨立の委員となつたのには自分の同志からも非常に攻擊されて居る所である。然し私は內政の獨立にて實質的に鮮人の幸福を增進し得るならば、寧ろ形式的な絕對獨立を願はなくともそれでよいと思つて居ます。

國際聯盟會に於て、日本の代表は、朝鮮の事情を報告するに「朝鮮人は日本の統治に悅服して居る」と言つて居りますが、それが全然虛構である事は近年來度々朝鮮に發生して居る各種の騷擾により十分に推斷する事が出來るでありましやう。

いくら日本政府が隱蔽しても、日本政府は今や世界的風潮と其の國際的地位よりして、朝鮮の統治に苦しんで居る事は朝鮮人の總てが承知して居る所であります。故に日本政府の立場よりするも又鮮人自らの生活の向上を期する上よりするも今日に於ては朝鮮民族は之を自ら治めしむると云ふ事が、時代的の要求と思ひます。

(二) 金儀卿氏 月刊雜誌檀饆社主幹

私は多くを申しません、一例を以て申しますれば、茲に大小の兩家があると假定し、大家より小家に對し總ての生活費を補給し小家の者を助けて行く場合に、大家の者が單に之れ丈で、別段無理な注文を發せないならば、そこに何等の問題も起らず、兩家は仲よく安全に暮して行く事が出來ませう。然るに大家の人が之れに滿足せず、更に進んで小家の內政に干涉し之れを監督せんと欲せば、小家の人の心の中は如何でありませう。如何に大金をもらつたとて補給を致してもらつたとて、之れに對しては不平不滿なきを得ないのは人情だらうと思ひます。一民族が他の民族に對する事も之れと同じであります、私は日本當局が此の點に留意せられん事を望むのであります。

(三) 崔景烈氏 朝鮮內政獨立期成會委員 朝鮮日報社全北支局總務

私は日本人が朝鮮其物に對して、今少しく根本的の研究を爲さん事を希望せざるを得ないのです。朝鮮は建國以來四千年、朝鮮人の朝鮮として、未だ嘗て他國の爲めに國家的地盤を失つた事は無いのであります。又東洋の大勢を見るに、朝鮮と日本とは誠に唇齒輔車の關係に在り相提携して東洋平和を確保すべき運命を荷つて居るのであります。

日韓併合は東洋の平和を保證すると云ふ意味に於てなされて居りますけれども、實際は日本の帝國主義的政策の下に出でたものであつて、朝鮮民族の意思にあらざりしは明かなる所であります。併合以來の統治策は全く日本人本位であつて、鮮人は奴隷扱ひを致されて居る。然らば國家的朝鮮たるの血液は冷へ切つて居るものであらうか？　否々民族的の不平は併合當時より欝勃として鮮人の胸中に積つて居るのであります。

日本の植民政策は十數年間武斷政策の下に人權を蹂躙して居る。故に敎育も言論も商業も工業も又農業もあらゆる事は鮮人の意のまゝに行はれない、此れに對しては非常なる不平があつて、それは何時爆發するやも計り難いのであります。

世界戰爭の結果民族自決の聲に呼び覺されて遂に大正八年三月の萬歲騷ぎを引起したのでありますが、其の後日本政府は統治方針を變更して武斷政策より文化政治に移ると聲明したが、實際は何等の變更を見ず、鮮民族は益々不幸に陷つて居る。

朝鮮人は今や世界の風潮により其の地位の變更を求めつゝあり、之れは全民族二千萬同胞の等しく熱望せる所であります。

朝鮮國外に居る鮮人は自由に絕對獨立を叫び且計畫致して居りますが、朝鮮內地に居るものは、絕對獨立を希望する事は人類當然の要求たるにも拘らず、之れを明白さまに要求すべき何等の方法手段もないのであります。故に私は絕對獨立に就ては朝鮮民族が早晚に何等かの手段を以て解決すべき時あるを信じますが、其の第一步として、今日に於ては先づ第一に內政の獨立を計り、日本と朝鮮と今日の如く感情の疎隔を來す事を除去して、相互に相提携し東洋平和を確保する事に勉めねばならぬと思ひます。

然る後に於て日本との間に更に殘りの問題を解決するの要があるのであります。今日朝鮮人は議會に對し內政獨立の請願を爲した以上、此の目的を達する爲めには日本政府の了解を求めねばなりません。私は民族的の人權自由平等を條件として先づ內政の獨立を切望する次第であります。

(四) 李　重　胤　氏

同光會常議員
內政獨立期成會委員

私も簡單に申上げます。無論朝鮮民族のみの幸福であつて、日本に對して幸福を齎らさい事であるならば、それを日本に要求しても認められる理由がありませんから無意味であります。然し私は日本の爲めにも朝鮮を獨立させねばならぬ理由がある事を信ずるものであります。朝鮮は二千萬の人口を有して居ます、之れを滅亡せしめざる限りは同化と云ふ事は到底出來ませぬ。四千年の歷史を有しますから四千年かゝらねば之れを同化する事も滅亡せしむる事も出來ませぬ。故に私は寧ろ朝鮮は自ら治めしめて外交、軍事の上に於て之れを監督するに止める事が日本の爲めに最も賢明だと思ひます。

（五）鄭　寅　範　氏

同光會評議員
內政獨立期成會委員

最近日本國民が朝鮮事情を視察する者幾十回なるを知らずと雖も日本人に對し今日の如く赤裸々に我が朝鮮民族の實情を知らしめる事は今度が始めてゞあります。

人間は感情の動物であります。故に申上げた事が果して將來成功するや否やは別問題として、貴方達に對し正にこう云ふ事を申上げて見度いと云ふ一種のなつかしみの感情から色々と申上げるのであります。

從來鮮人の抱いて居つた不平不滿が如何に大なるものであつたかは、昨晚我等の味方たる貴下等の南大門に到着せられた時の歡迎振りによつて遺憾なく發表せられたのであります。併合以來總督が來ても知名の士が來ても、鮮人が心から歡迎した事は一回もありません、然るに昨夜は二千名に近き群集が心からなる歡迎の叫びを擧げたのであります。

凡そ政治をなすには一時を糊塗するの流儀ではいけないのです。先づ民心を得るの必要なるは古今東西の歴史が明かにせる所である、故に一昨年以前の如き極端なる武斷政治、丁度佛國の安南、東京、英國の印度に對するが如き態度を以て朝鮮に臨む事が出來るか否かは政治家の自身で判斷すべきものであると思ひます。

（六）李商在氏

基督教青年會總務、民友會副會長。教育會會長

十六日午後一時より余（上塚）は副島、荒川、牧山（耕藏）小幡、葛生の諸氏と共に李起晩、田元鳳の兩氏を東道として二臺の自動車に分乘、各界の有識者を訪問せんと欲し先づ第一に一可亭に李商在翁を訪ふ。

一可亭は北漢山麓松籟の内にあり。京城圖書館の門前にて自動車を棄て、松樹欝々たる林間の坂を上る、約三丁にして樹間に一小亭あり、廣さ十五疊許り、名付て一可亭と言ふ、昔し弓場たりし所なり。到れば雪白痩軀の一老翁出で來る。是れ朝鮮に於ける頭山翁の稱ある李商在翁其人なり。余等先づ挨拶すれば、翁案外にハイカラにて手を出して洋式に握手の禮を交す。令孫の病氣にて下僕を伴ひ、久しく此の林間に靜養中なれば、招すべき室內もなし、アチラには少し好い所があるからとて導かる、一同今日は急ぐので別に應接間などはいりませんから、

此の亭内で結構ですと云へば、翁はうなづいて、マアいゝから御出なさいとサッサと歩き始め、一可亭の左側松樹の蔭に至りて立留り「ワシの應接間は此處だ。今下僕が椅子を持つてくるから」と一笑す。瘦軀粗髯の老翁が此の洒脱の一言に一同も腰をすへて松蔭風涼しき處相對して

此處に日鮮兩國の問題に關する應對は始りぬ。

古來朝鮮と日本との關係は非常に密接なるにも拘らず、最近は益々相離隔せんとしつゝある、諸君は朝鮮の統治を一見して、或は非常によく治つて居ると思ふかも知れぬが、それは大間違ぢや。今、日本と朝鮮と兩民族の間に同化對獨立の問題が紛糾して居る。然しワシは此の二つとも贊成も反對もしない、唯兩民族が融合一致せない限りは同化をしても獨立をしても何れにしても駄目ぢや。諸君は日本で朝鮮は非常によく治つて居ると聞いて來たであらうがそれは違ふ、如何なる田舍を歩いて見ても今日と十年前の日鮮兩國人の關係は非常に異つて居る。十年前は兩國民の間柄は却つて親密であつたのぢや。然るに併合以後却つて精神的結合が無くなつて來たのは明かなる事實である。唯今では朝鮮人は一時も早く日本の羈絆を脫せんとして獨立獨立と叫んで居るが恐らくば之れは成功しないであらう。又日本は飽る迄同化政策を達成しやうと考へて居るけれども之れも不成功に終るであらう。

朝鮮を假に獨立せしめた所で、若し日本が誠心誠意其の獨立を援くるに非れば、獨立を期する事は

出來ない。又日本が朝鮮は財力と兵力とを有せないから自發的に獨立をしやうと思つても出來ない。又日本がどうしてもやらせなければ獨立と云ふ事は出來ないのぢや。ぢやと云つて、日本が朝鮮を同化する事が出來るかと云ふと、それも出來ない。日本と朝鮮は歴史を異にし、言語風俗を異にし、從つて精神も異つて居る、是れを同一にしやうとしたつてそれは無理ぢや、不可能と言はねばならぬ。

此の頃自治とか、内政の獨立とか言ふ事が流行して居るが、俺は是れも出來ないと思ふのぢや。俺は何もかも出來ないと考へる。今は兩民族が一旦共に滅亡して然る後新に組織せらるゝに非れば何事も出來ないのだ。俺の意見では、兩民族共に滅亡に向つて進んで居るではないかと思ふ。一歩を讓つて今假に自治又は内政獨立が行はれたとしても之れに對して日本が干渉しないワケはない筈だ、そうすれば、自治も内政獨立も皆空文ぢや。

曩に拓殖長官古賀君が來て俺に色々な事を話した。其の時俺は

「今如何に焦燥つたとてそれは水の泡だ、現狀を見よ、日本はあらゆる點から勢力を有し鮮人は勢力がない。此の勢力のあるものと無いものと相對するから兩者が一致融合する事は到底出來ぬ、故に今のまゝでは兩國民が滅亡した後でなければ一致融合して温い握手を爲す事は期し難い」

と言つてやつた。今日諸君の訪問に對しても俺は意中をそのまゝに話すから少し位失禮の言があるかも知れぬが恕してもらい度い。

諸君に改めて一言申し度い。諸君は態々朝鮮に來られたが、それは第一日本の爲め、第二には朝鮮民族を救はうと思ふて來られた事だと確信する。然し諸君は唯歩きまはり調べ廻つて目的が達せらるゝと思ひますか。俺も如何したらば救へるだらうと其の方針に就て考へて居ない事は無い。然し此れが實行し得られない事が分れば萬事休すぢや。で諸君も其處を考へてもらい度い。調べたり歩いたりする事は末の末ぢや。

此の時余(上塚)は我等は實行の前に先づ知らねばならぬ、眞に知る事が出來なければ眞の實行と云ふものは出來ないものだ、我國民は勿論だが政治家學者の間に於ても朝鮮の事情は十分に知られて居ない、今迄眞の道が實行せられなかつたとすれば眞に知らなかつたからだ、此の意味に於て吾等は先づ眞情を知る爲めに來たのだ、と反駁した。それを聞いて翁はニッコリ笑ひ乍ら又語り出す。俺は考へる。先づ政府から悔ひ改めねばならない、然し今の政府は一旦仕損じた結果に到着せざれば悔ひ改めると云ふ事は容易に出來そうにも無い樣に思ふ。

併合はもとより民族と民族との心からなる融合一致では無かつたのだ、唯單に形式區劃の上の事に過ぎず、言はゞ二人の者を繩で無理矢理に縛つた樣なものである。故に朝鮮許りが縛られて居るのぢやない、日本も同じく縛られて居るのぢや。從て苦しいのは朝鮮許りでなく日本も同斷ぢや。一寸見た所では日本は朝鮮を縛つて提げて居る形になるが、實は一所に縛られて居るのだから笑止千萬ぢや。

俺の考では、何事を爲すにも、民族間の事は先づ民族と民族とが握手し、其の後に於て政府が初めて手を下すべきものであると思ふ。

一歩を讓り併合は併合として、併合後の政治はどうであつたかと云へば、併合そのものが民族愛としてゞなく形式的區劃的のものであつた爲めに其の統治の方針も自ら其の一途を出でず、遂に今日の如き事態を誘起したのぢや。無理やりの併合は又無理やりの政治を生んだのだ。不自然の併合の結果は政治向も又不自然となつたのだ。

俺は萬歲騷ぎの時に捕へられて、裁判に附せられた時裁判所で言つた。「俺は併合はよい事と思ふ。然し何故に只今獨立を叫ぶかと言ふに、併合以來十餘年の間、鮮人の間には不平の聲が日に高きを加へて終始する所を知らない、之れは何故であるかと考ふるに、現今の併合なるものが、精神的の併合に非ずして單に區劃的の併合であるから萬人の間に不平不滿が充滿して居るのだ。であるから此のまゝではどうしても進行する事が出來ない。此の不平の感情を除去する事は今の區劃的併合を解除して鮮人をもとの自由人の地位に返すより外は無いのである。一度獨立さすれば、必ずや日本も朝鮮も兩方乍ら一人で居る事は寂しくなつてくるに相違ない、そうして四五年たゝぬ內に再び兩者結合せねばならぬ、兩者の存立の上から將又東洋平和の上から必らずや融合一致せねばならぬと云ふ慾求が起つてくる。玆に於て初めて精神的の併合と云ふものがなされ得るのぢや。故に俺が獨立をさせよと云ふのは併合に反對するのぢやない。此の朝鮮內に充滿して居る不平の聲と日本排斥の感情を一掃するには今の形式上の併合を解いて一度獨立せしめよ、然らば四五年立たずして再び精神的の融合一致を見るの時あるべしと云ふのぢや」と。

此の時牧山氏一言して曰く。「貴翁の言や意味深長である。一寸御尋ね申すが貴翁は「一度獨立させよ、然らば又眞の併合の機會を作るべし」と云はれますが、私の考へでは例へば日鮮兩國の關係は夫婦の様なものである、結婚當座は無我夢中であるが五年立ち十年立つ內に自ら我儘と云ふものが出てくる、夫に對する不平も出てくる、それを直ぐ意の向ふまゝに離縁をして家を去ると云ふ樣な事があればそれは餘りに輕卒ではなからうか、それよりも何とか夫婦關係のまゝで再び融和する方法はないでしやうか。

「翁の曰く」。貴君は日鮮兩國を夫婦に例へるが、夫婦としたら情愛のない夫婦、强制的の夫婦です。そんな夫婦は一日も早く分れねばなりません。元來俺の考へでは日鮮兩國の關係は夫婦では尙遠い。夫婦關係以上のもので、私は之れを兩手に例へ度い。卽ち一體となつて其の左右の手が日本と朝鮮でなくてはならぬ。同じ血が通つて一體の內に動かねばならぬ。今の樣に兩手をくゝつて仕舞つて一體同身と言ふ事はそれは間違ぢや。

先づ獨立させよ、然らば本當の融合、精神的併合の機が自ら出來てくるであらう。然らずして此ままに續けたら民族が滅びて仕舞ふ。さうしては眞の融和は出來まい………。

談は絮々として盡きず、尙ほ兪星濬、朴泳孝兩氏との約束あるにより名殘惜しくも他日を期して一可亭を辭す。翁は最後に一言申し度いとて、

兎角何處の國でもだが、在野の時は色々の事を言つて政府當路に當るが、在朝となると忘れて仕舞ふ。どうぞそれがない樣に願ひ度い。

蓋し頂門の一針也。樹間の坂を下れば松籟颯々として秋空に鳴る。

(七) 兪 星 濬 氏　中樞院參議

一行兪星濬氏を訪ふ。在宅なり、招ぜられて純朝鮮式の部室に入り座につく。傍に中樞院參議鄭鎭弘氏在り、人參茶をすゝり乍ら兪氏はどうでもよいと云ふ樣な風にて口を切る。

朝鮮の問題とか日本の問題とか、そんな小さな問題はどうでもよいぢやないですか。今は世界的の時代です。世界の事情が人々に十分に解つて居ない二百年三百年も以前であれば兎に角、今の樣な時代には、世界の潮流は直に吾々に傳はり、政治の方針も之れに依て決せねばならぬ時となつたのです。總督政治が善いとか惡いとか、そんな事はどうでもよいのです。小さな問題です。今日は世界の大勢が朝鮮の獨立を促して居ます。朝鮮人は誰でも獨立を願つて居ます。之れを思はないならば、それ

は鮮人ではないのです。

日本が武力を以て朝鮮を壓迫しても何百年行きましやうか。二千萬の人口を滅ぼして土地丈殘るものであらうかどうか、獨立したとて日本人と心が合はなければどうなるか。世界の朝鮮、世界の日本ですからネ――。

兄弟が兄弟の心を以て行けば、よく外に對して自分の家を守る事が出來るのです。日本人が朝鮮の心を得るにあらざれば支那人の心を得る事は出來ませぬ。支那の心を得ない時に日本はどうなりますか。

寺内子は正直な人であつたから私は申しました。「警察の費用を増やして何千萬圓にしても人民の心を治める事が出來なければ仕方がない。形丈治めても何にもならない。世界は日に月に進歩して行くが朝鮮も夫れに伴つて進歩して行く。故に唯力で治めると云ふ事を御止めなさい。軍隊に費つて居る費用を教育、衛生、宗教其他の文化事業又は産業開發の爲めに使ひなさい。そうして先づ第一に朝鮮人に教へなさい。分らない者が一番恐はいです。教へれば分るのです。今閣下は朝鮮を併合になりますが、閣下の心中は眞に安かですか、然らば假に地位を顚倒したら、閣下の心中は如何でしやう」と申しましたら返事が出來ませんでした。

人間には情がある、又世の中には勢と云ふものがある。併合は情に於て許さないが勢だ。自分が厭やなら自殺するより外は無い。勢には及ばない。既に大勢に依つて併合となつたならば、成る丈民をして安心立命が出來る樣にせねばならぬ。

大正五六年の頃でした。京畿道内の普通學校の百五十人許りの校長が集つた時に申しました。「皆さんは第二の國民を養成する學校の職員であるから、其の責任や極めて重大である。然るに或る時私が或る校長の家を訪問すると、其の家の八九歳の子供が「お母さんヨボの役人が來ました」と申しました。私は之れを聞いて實に不愉快に感じた事がある。第二の國民を養成すべき責任ある學校長の家庭ですら此の狀態である。子供は親を寫すの鏡であります。此の有樣は一體何事ですか」と。

夫婦になつたとて、裸になつて床に入つても背合せにして居るのが日鮮兩國の現狀であります。三十以上の者は敎育も無いから或は夫れでもよいかも知れぬが、それ以下の若い者は餘程敎育も發達して世界の大勢にも通じて來た今日、從來の如く鮮人を蔑視して劣等視して政治を行ふと云ふ事では駄目です。敎員等でも學校では日鮮人一所になつて居ますが、學校以外ではいつも別々になつて居ます。第二の國民を養成する敎職員にして以上の通りであります。

小役人や郡長許りでなく、民間の内地人も皆同一です。在鮮三十萬の内地人の心が總て鮮人に對して蔑視觀を持つて居ます。其の態度は傲慢で、動もすれば弱い鮮人に對して暴戾を加へます。之れでは到底鮮人が心を寄せる筈がありません。總督は在鮮三十萬の内地人を治める事が第一です。それが出來なければ二千萬人の鮮人を治める事は出來ませぬ。今の樣に口で許り一視同仁を說いても、其行ふ所を之れと異にする樣では、人民が信ずべき筈がありません。何うすれば兩民族が眞の融和が出來るか、心相通ずれば、千萬里を隔つとも十年相見なくとも尙ほ安んずる所があります。今日は其の安んぜざる所以が何處に在りやを十分に研究してもらひ度いのです。

（八）鄭　鎭　弘　氏　中樞院參議

先づ朝鮮問題を了解する事が第一です。然し之れは一番六ケ敷い事です。總督が壓迫すると云ふ者がある。それもありましやう。然し大體に於て三四年前と今日とは時勢が非常に異つた事を承知せねばなりません。併合當時は鮮人は何にも知らぬから、如何うされても「ハイ〳〵御尤も」で聽從したのでありますが、今日は一般に自覺して來たから昔の通りには參りませぬ。

併合當時から隨分目に餘る事が多かつた。今でも遺憾の事柄が頗る多い。其弊害は特に地方官の所爲に多い樣である、で地方官の人選は餘程注意をしてもらつて、終始更替せしめてもらい度い。同じ所に長く置く事は弊害の基である。總督が如何に善政を敷いても下僚が惡くては駄目です。朝鮮の諺に「ピンデー（南京蟲）を殺ろす爲めに家を燒いて仕舞ふ」と申して居りますからネ。

（九）侯爵 朴泳孝氏

朝鮮貴族會々長
中樞院顧問

兪氏を辭し更に東門外に朴泳孝侯を訪ふ。翠微亭の大額を仰いで玄關に入れば、侯自ら出でゝ迎へらる。洋風の應接間にて相對す。時侯の挨拶に次ぎ、來訪の意を述べて漸次日鮮問題に關する話を引出さんと勉むれども、侯容易に話を此の方面に及ぼさず。稍ありて口を開きたる談片左の如し。

「ドウですか、世の中は大變代つて行きます。何處迄變るでしやう。日本も何時迄も朝鮮を今の樣にしたとてそれは支那の惡感を增し世界の疑を深からしむる許りです。

朝鮮は支那の屬國ではなかつたかと云ふ者があるけれども、それは外交文書の上ではそんな事もあつたであらうけれども、支那人が來て朝鮮の內政に迄干渉した事は無い。否な之れ迄朝鮮の內政を他國から來て干渉したと云ふ事は四千年の歷史あつて以來無い事です。此の事は總ての鮮人の頭の中に深く刻み付けられて居る事です。故に日本が來て、何も彼もやる事は到底出來ぬ事です。

今日朝鮮人は第一に生活が出來ない。併合の時に寺內さんが三千萬圓の金を持つて來て千何百萬圓を持て歸つたそうだが、元來國家を値切つて買ほうと云ふ樣なケチな考では朝鮮の統治は出來ませぬ。

朝鮮の山林の多くを國有にして仕舞つた。其の際でも文券がなければ總ての田地や山林を沒收して仕舞つたのです。朝鮮には古來文劵などを取揃へて居るものはいくらもありやしません。從つて一般良民の財產は悉く國有にされて仕舞つたのです。李王家だつて同じです。舊韓國時代ですら李王家に對しては年額百五十萬圓を御內帑の金として差上げてあつたのです。その李王家の山林土地其他の財產を取上げて、そうして百五十萬圓かを與へると云ふ事になつたのです。卽ち差引勘定は非常な損となつて居るのです。損して喜ぶ者は佛樣でもなければありやしません。沒收せねば統治が出來ぬと思ふかも知れぬが、人心を失ふ事には心付かない樣です。

齋藤總督になつて文化政治を行ふと云つて憲兵を廢したのはよいが、その代りに巡査を多くし、各所に駐在所を作る、そうして是れを國費を以て負擔せず地方に負擔せしめ、負擔し得なかつた者には賦役を課す。そうして此の駐在所の薪炭油代迄地方に負擔せしめる。之れが所謂寄附と云ふもので、今日は實に此の寄附の多いのに困り切つて居るのです。警察官が代る每に歡迎費迄取る、此の事は舊韓國時代にもなかつた事です。

敎員の劍や、官吏の劍は取られ、憲兵が巡査に代つたが、それは鮮人には何の關係もない事です。此の頃誤つて個人有なるべき山林其の他を國有にしたのがあるから、取調べて返すと云つて居るが、返したがいゝです。取調べの要はないです。「私のです」と云つて來たものにどし〳〵返せばいゝです。統治ですか。矢張り朝鮮人に委かしたがいゝです。今は日本が勢力があるからよいが、何時迄續くかゞ問題です。

三年前議員團が來た時に、私は「西比利亞、滿洲、沿海州等からは兵を撤退すべし。但し朝鮮丈は必要だと云つたらどうです」と申しました。

朝鮮の事は朝鮮人に委せたらどうか、それが出來ない位なら三百萬人位を移民したらどうか。今日內政の獨立や自治なんど云ふと笑つたりするものがあります。

一旦こうなつたのですから無事に行けばよいが、世界の大勢が變つて來たからソウは行きません。朝鮮人もむじつとしては居ますまい。何とかせねばなりませぬ。是から二三年は用心すべき時です。明年明後年が大事な時です。

朝鮮人は今非常に生活に困つて居ます。地方の人民の有樣は殊にひどい。冬になつて單衣二枚位で過して居る者が多いのです。食物の如きも無論無いです。朝鮮人には慾が無いと言ひますが、慾を起す事すら出來ないのです。何か方法を設けて慾を起さねばなりません。總督は四五千萬圓も持つて來て土地を擔保として貸付け、物產を開發してもらい度いです。

(一〇) 南　宮　薰　氏　朝鮮日報社長

十月十七日、例により有志群を爲して寄せ來る、八時朝食を濟し直に引見意見を聽取す。

人間として生れた以上天より受けたる自由はあれ共、鮮人には話す事にも自由を持たない。今日は先づ其の自由を與へてもらい度い。先づ御互の意思を十分に通ずるには內地人は朝鮮人に、朝鮮人は內地人になつたつもりで話をせねばなりません。私は御見かけの通りで生來ウソを言つた事の無い者ですから貴方達にも本當の事を申し上げます。

日韓併合當時日本の宣言には、日鮮兩國民の間には區別を設けないと云ふ事及東洋平和の爲と云ふ事が書いてあつた。けれども其の後十餘年日本の政治は悉く此れを裏切つて居ます。

日清戰爭の時も其の宣戰布告に際して、朝鮮獨立の保障に關する言があり、媾和條約に際しても朝鮮の獨立を條件としてあつたにも拘らず、日露戰爭後幾何ならずして併合した事は、世界各國に對して日本の信義を失墜し、列强疑惑の衝點となつたのであります。此の點に於て日本の國威が世界各國に光る時其の後ろには亦日本滅亡と云ふ影が現れて來るのです。

併合當時は東洋平和の爲として、朝鮮有識者が一は喜び、又一は悲しんだ處でありましたが、併合の結果朝鮮は監獄となり、朝鮮の人民は囚人となつたのです。

朝鮮併合以來初めの總督より今日の齋藤總督に至る迄文化政治、文化政治と申しますけれども、其の跡が何處にありますか。朝鮮人が其の母國と稱すべき內地へ行くのに旅行券が要るのです。日本以外の國へ行くのなら兎に角、內地へ行くのに旅券が要つて、然かも其の旅券が何ケ月も下らないのです。學生が留學するのにすら仲々下らないので、往々にして時機を逸し勝ちです。母國へ行く事すら夫れ程不自由であるのを見れば、他は推して知るべきのみです。此れによりて見れば鮮人の自由を奪ひ、朝鮮を監獄にする事が併合の目的ではなかつたでしやうか?。

寺内總督以來鮮人の自由權は非常に蹂躙せられたのであります。齋藤總督の任に就くや此等の束縛を解くと言はれたが、既に二年になるけれ共それは取れて居ない。故に鮮人は役人が恐いから申しませんが、心中鬱勃たる大不平を持つて居るのであります。

同光會の目的は日鮮融和にある樣ですが、今の如ふな有樣では到底駄目です。融合の早道は只朝鮮を此の監獄狀態から解放するに在るのです。朝鮮が監獄の取扱を受けて居る實例は毎日幾通となく各地から私の新聞社に送つて來ます。然し其れを掲載すると新聞の命が危くなりますから私は載せません。

總督の政治に關して申しますれば、其の實狀は日本人には解らないのです。何故なれば、鮮人にして官吏となつて居るものは、多く親日派である。又總督に對して、此くしては惡いと直言するものがあれば總督は之れを使はぬから、官吏は皆一身を保つ上よりして曲辯阿諛するものばかりです。故に此等の徒に朝鮮の事情を聞けば、朝鮮二千萬民は總て總督政治を謳歌して居ると申すに相違ありません。

然らば民間の者はどうかと云ふに、一般に内地人を鬼の樣に恐しく思つて居る、日本の事を惡く言ふと監獄に送らるゝと思つて居るから不平があつても言はずに居る。

故に官吏に問ひても民間に問ひても右の通りで、眞相は到底捕へられないのです。

大政治家は百年の大計を樹てるものであります。今、日本の政治家は日鮮融和を百年の大計として居られますが、今の如うでは只百年の大不平を起すのみである。

東洋の平和と言はれますが、私の考へでは日本が善政を敷けば東洋の平和は保たれ、惡政を敷けば之れを失ふのです。

今の日本が朝鮮に對する態度は一家の戶主を其の家より追ひ、家も家具も奪ひ、そうして下女下男になれと命じて居る樣なものです。其の戶主がどうして此の命に應せられましやうか。

政治は道德を先きにすれば人民は喜び、道德を後にすれば其の國は亡びます。東洋問題に付日本の取るべき道は、戶主の權を失つた鮮人に其の權を與へ、監獄となつた朝鮮國を解放し、支那人には又租借地を返還し、日本は虛心坦懷に東洋の先覺として進まれる事あるのみです。然らば列國は日本を謳歌するでありましやう。斯くて東洋の全民族が日本に悅服せば日本の政治は單に東洋許りでなく世界全體に模範たるに至るであらう。其の時こそ東洋を一國にするも全七億の民は喜んで倂合に應ずるでしやう。

鮮人が如何に現政治に飽らず、其の變革を求めて居るかは一昨夜の出迎への光景にて明かでありましやう。日本人が朝鮮に來る事に對して、朝鮮人は一切出迎へに行かぬ事にして居る。大官が日本から來る時官吏や學生が行くのは行き度くて行くのでなく、仕方なしに行くのです。然し今度皆樣が御出になるに就ては、何れも自ら進んで驛迄行つた。其の内には地方の人々も隨分多かつたのですが、夫れに依つても朝鮮人の一般の傾向が窺はれる事と信じます。

（二）兪　鎭　泰　氏　朝鮮教育會總務

今日鮮人の内にも親日派なるものがあるけれ共其の本心を尋ねる時は必ずしも親日派では無い、唯其の身を保つ上に一つの手段として親日派たる迄です。

今から四百年許り前に燕山君なるものあり、暴悍度無く大虐非道紂王の如きものでありました。然れ共其の位は幾年も續かず、やがて臣下に廢せられて遠島に逝くの悲慘な終末を見ました。

朝鮮の歷史を見ると其他にも幾度か虐政に對して事を擧げたる例がある。總督府でいくらよく治つて居ると宣傳しても内にある不平が一度爆發すれば日本の運命知るべきのみです。

今日何故に獨立を冀つて居るかと云ふに、夫れは實に生活の安定を願ふからである。生活の安定を得る上に總督府がいけないと云ふ理由は今日の殖産銀行、東拓、朝鮮銀行の事業方針が非常に惡い。

それを又總督府が奬勵して居るかの傾がある事でありますへ
殖産銀行、朝鮮銀行は現在丸で高利貸の態度である。單に高利許りでなく土地迄取上げて居る。東拓が土地を買込み、其處に一戸の移民が來ると五戸以上の朝鮮人は忽ちにして衣食の路を失ひ、南北滿洲沿海州方面に移住するの止むなきに至るのである。右樣の次第で生活に困難する極、現在國境方面では不逞鮮人と見れば片つぱしから銃殺して居る事を承知して居るにも拘らず、尙移住の事は止まない。右樣の次第であるから、先づ衣食の道を得せしむる事が何より第一の事です。
夫れから隨分惡政が施かれて居ります。例へば地方へ行つて見ると刑事にピストルを持つ事を許してある。然るに其の公用のピストルを盜賊に貸與して高い貸賃を取つて居る事實がある。何時かもピストル强盜を捕へてピストルの出所を尋ねて見ると、計らずもそれが管內の刑事の手から出て居る事が分つたので、其の刑事は直に免職されましたが、幾程もなく又他の地方で採用せられました。此んな勝手な事では、到底鮮民が心服しやう筈がありません。又水原事件はどうですか、之れを知らぬ者は日本國民のみです、とて水原事件を詳述す。

(一二) 洪　性　偰　氏　平壤孤兒院總務

朝鮮問題の解決、それは世界の大勢に照し、一般思想界の變動に徵し、三尺の童子と雖尙よく知つて居る事であるから、玆に改めて申すも必要のない事ですが、現在の儘では日鮮問題の解決は出來ません。何よりも先きに吾々朝鮮人は實力を養成せねばなりません。總督政治に就てドウのコウのと言つたつてそれは無駄な事です。

然し只一般の日本人が朝鮮人を見るに非常に幼稚な者として取扱つて居りますが、それは間違の基である事を一言して置き度い。日本人は獨斷的に朝鮮人を無識無能扱にして居るが、自分の考では寧ろ大人中の有識者と思つて居るのです。

現今日本は到る處に於て列國の指彈を受けて居る。そうして世界中が朝鮮に同情を表して居る。一昨年の萬歲騷は天が爲さしめた事です。世界列强よりも同情せられ又神の加護を受けて居るものであるから、朝鮮は有望ではありませんか。

此の際に於て日本は日本存立の必要上日鮮融和を計るが第一と思ふのであります。

(一三)　金　鴻　爵　氏　平壤、朝鮮勞働同盟會々長

私は今度代議士團の御來遊を聞きまして態々平壤から伺つたものであります。今年の議會に荒川サンが朝鮮問題に付質問せられたが、それは果して日本及朝鮮の爲に言はれたのか、單に政黨の爲めに言はれたのか、夫れを聞き度いと思つて來たのであります。

現今の朝鮮の狀態は、日本政府及日本國民は鮮人を保護して安樂に導く事を嫌つて居る樣に見へる。生活の方からも文化の方面からも、何れの方面からも眞の朝鮮の發展を願つて居ない樣に思はれる。

一般の人民が警察に呼ばれて行く時は、牛が屠殺場に曳かれて行く氣持です。

(一四) 申　萬　均　氏　平壤

實力の養成が第一です。實力の養成に就ては教育を普及せしめねばならぬ。然し現今は初等一年の學生に對しても日本語で教へて居る。自分の母國語もまだ十分に話せない、書けない時に直に日本語で教はるですから、三年生頃迄は何を教はつて居るか分りません。

夫れのみならず科目の如きも歷史地理の加き朝鮮の事情を知らぬのに、日本歷史を教はるから色々の錯誤や矛盾が起つてくるのです。教育の事に就ては書いたものがありますから之れで御覽を願ひます。

(一五) 李　命　錫　氏　新義州

若し朝鮮を此の儘にして置いたなら、總督が堯舜の如き政治を致しても駄目であらうと思ふ。今の樣なやり方、卽ち兵隊と警察を置いて此等の手を以て壓迫して行かうとしても、それは到底駄目です。

水原事件の樣な事をやつても、朝鮮の民心は益々離反するのみです。私は虛言は申しません。本當を言つてさへ此の場所を出ると何時縛られ何時殺されるかも分りません。故に國外に出で日本反對の陰謀を廻らす者のあるのは止むを得ない事です。

（一六）韓　圭　卨　氏　前參政大臣

十七日午後各團體及名士を往訪す。先づ韓氏より始まる。

私は老人でありますから言ふべき事も持ちませんが、兎に角朝鮮の現狀は誠に悲しい狀態となつて居ます。此の點に就て荒川サンが今年の議會で大に議論せられました事を感謝致します。然し日本の政治家が幾人此の心を以て朝鮮に對して居られましやうか。

老人で何時死ぬかも分りませんから尙一言申して置きますが、日本の政治に當つて居る人々は目前の利慾に惑はされず國家永遠の計を建てられん事を切望致します。

（一七）金　翰　氏　無產者同盟會理事

私は何う云ふ理由で朝鮮の主權を日本が握つて居るか了解が出來ない。既に今年の議會に內政の獨立と云ふ問題が起つたが、朝鮮の問題は既に之れに依つて決したのです。その上に主權を日本が固持しやうと云ふのは解し難い事であります。

十年前であれば、東洋平和、日本の安定の爲めに必要であつたが、今はこれは除かれた樣に思ふ。現今の印度や支那や「シャム」の事を考へても日本は之れを救ふ事が使命ではありますまいか。

近頃朝鮮人の間に暗殺と云ふ事が流行して居る。之れは由々敷大事である。之れは民族の上よりも將又個人の上よりも非常に不幸な事である。自暴自棄となつて人を殺し又自身を殺して早く此の世を去るか、又は自分の上に不幸を持ち掛くる憎き相手を殺して自分の存立を計る事は止むを得ない手段であるとは昨今朝鮮人の間に殊に青年の心中に蟠つて居る潮流であります。之れは全く現今の總督政治卽ち壓迫政治が然らしめたのです。

經濟の關係は政治上以上です。朝鮮人は今や職を求めやうとしても得られません。御覽なさい、總督府も學校も會社銀行も皆日本人許りです。鐵道の如きすら日本人のみによつて運行されて居ます。關稅を言へば保護關稅を撤廢する事は不滿である。朝鮮は工業地としてもらい度い、然らざれば朝鮮は唯だ消費者の地位に立つて生產者の地位に立つ事が出來ません。此の意味から云ふと、朝鮮人は今や民族として「プロレタリヤート」の地位になつて仕舞つて居るのです。

朝鮮總督の政治に委しては、朝鮮民族の福祉は到底望まれないです。不平、不滿、それは胸に欝積して居るが、アヽモウ言ひ度くないのです。アヽもう死に度い、と云ふ氣になるのです。

勿論不平不滿を言へと言へば、いくらでも申しますが、言ふた者は直ぐに捕縛するのです。だから遂に陰謀を企てる事になるのです。吾々の此の身も何時死ぬか分りません。

（一八）李　得　年　氏　民友會理事

人間としては生活して行かねばならぬ。其の問題を解決するのが第一です。今日の鮮人の狀態は人間として眞裸である。食物も住居も何にも持たない。故に先づ此の生活上の安定を得せしめる事を第一としてもらひ度いのです。

（一九）尹　吉　炳　氏　檀君敎總敎長

十月十八日早朝より來客を引見し順次其談話を聞く。

私は併合當時から反對であつた。其の後沈默を守つて居つたのは、死刑とか軍隊とかを恐れての事ではありません。實に東洋平和の爲めを思つたからです。然るに現今の樣な狀態で東洋の平和がうまく行きましやうか。眞に東洋の平和を願ふならば日本、朝鮮、支那の三國は互に獨立して自主の國とならねば、今將に西より流れ來る勢を防ぐ事は出來ませぬ。

(二〇) 鄭　秉　源　氏　朝鮮士林代表

併合以來既に十餘年となります。其の最初に於ける一視同仁の聲明は只徒らに名のみで朝鮮人は一つも內地と平等の恩澤に浴する事無く、正に滅亡の外なくなつたのであります。

子は親にそむき、妻は夫を離れ、朋友相疑ひ、現今の朝鮮は全く士風頽廢して誠に慨嘆に堪へぬものがあります。之れはどうしても挽回せねばならぬ事である、然し是れも詮じつむれば總督政治が惡いからである。

警察の壓迫は非常なもので、朝鮮人は全部牢の中には入つて居る樣な者です。一杯の飯も安心して食ふ事は出來ませぬ。自分の家の修繕をなすに對してすら、警察は之れに干渉する。路行くにも又內地へ行くのにすら色々の制限がある。此の狀態では唯滅亡あるのみです。故に朝鮮人を亡ぼすのなら一時に滅ばしてもらい度い。長引けば夫れ丈朝鮮人を苦しませるのみである。今の朝鮮の有樣は丁度腫れ物が出來てまだそれが破裂せない樣なものである。一般は無限の憤激を內に藏して何時か何時かと破裂の日を待つて居るのです。

今度三代議士が見へたのは吾々朝鮮人の非常に喜びとして歡迎致して居りますが、過去の狀態から推すと今度も單に朝鮮人を喜ばしめんが爲めになされたのではないかと思はれます。寺內より齋藤に至る迄總督は幾度か交替致しました。私は今度七十一歳になるが、廿年來の記憶は總て欺まされ通しである。やらうと云ふ話丈で實際行つた事は一つもありはしない。唯やる事は何とかして土地を取らう、金を持つて行かうと云ふ事許りである。

朝鮮を獨立させるか、全部の朝鮮民族を殺すか、何れかに極めてもらはねば此の狀態では生きて行けませぬ。

（二二）李　虎　榮　氏　楊州郡和道面嘉谷里二五七

朝鮮民族の狀態は全身皆痛む病人の樣です。此の病氣の基は併合である。手が痛めば手をなほせばよい。けれ共我等は今全部の病氣があるから駄目である。此れを癒すにはよい醫者が要る。三先生は其の醫者ですからよろしく願ふ。

（二三）田　文　氏　獨立派領袖

皆さんの御出になつたのは朝鮮の本當な事情を知り度いからであらうと思ふ。故に私は本當の事情を述べ度い。

今皆さんを案內して居る人は同光會の人々である。同光會は親日派であるから、それによりて眞の事情は判らないと思ふ。又訪問せらる向も、其の人等の案内であるから、相當な人々であらうけれ共、多くは老朽で今日の思想には沒交渉な人々が多いと思ふ。

眞正なる事情を考へて居るものは未だこちらに訪問しない者、又は皆さんが訪問せざる者です。そうして此等の人が皆さんの所に來て接觸しない所以は、一は朝鮮は朝鮮人に依て始むべきものである。二は貴方達が現在日本の政治を左右して居るワケでもないから言つても仕方がないと云ふ考へからで決して自屈して居るワケではないのです。

今や世界の大勢は非常に變化して來ました。朝鮮民族も此の風潮に促されて大に變化しつゝありまず。朝鮮は四千年の歴史を有し、燦爛たる文化を持つた獨立の國でありまず。時には多少他國より犯された事もありますが、今日の如く辱められた事はありません。故にどうしても之れを回復し度いと考へて居るのです。

近代に至り物質的文化こそ日本に及ばないが、元來日本の文化は朝鮮より繼承したものであつて、精神的文化は遙かに日本の上に在りと思ふのである。田舍の人々や子供等は今も尙日本人を見ると野蕃人と思つて居る。

吾々朝鮮人の考では、今や日本は支那に排斥せられ、朝鮮には憎まれ、露國からは惡感情を以て迎へられて居る。殊に昨年來は日英同盟を廢棄せられ、四國協約に依て辛うじて米國等と手を握つて居る所を見れば、太平洋からも排斥せられて居るではないか。故に日本は世界的大勢から見ると孤立無援の狀にある。日本人は何處へ行つても安全に居られない。西比利亞撤兵後日本人は彼の地に安居する事が出來ましやうか。

右の事情ですから、日本の安全を期するには一に東亞の三國（日、支、鮮）が互に相獨立して相提携するより外はないのです。

日本の狀態は啻に外政に於て然るのみならず、內政に於ては社會主義、過激主義が起り、思想混沌として容易ならざる狀勢に在る。

右の樣な日本の內狀を見ると、日本は日本自身すら維持する事が出來ない有樣ではないか。

然らば、日本に如何にせば此の境遇から避ける事が出來るかと云ふに、それは朝鮮を獨立せしめて其の怨みを解き、支那を解放して其の憤激をやわらげ、三國相提携して東洋の平和を計るにあるのみである。

日本は、自分が滅ぶるから朝鮮も共に滅びさしてやらうと思つて居るかも知れないが、日本は右の如く孤立し、朝鮮は同情を表せられて居るから、日本は亡びても朝鮮は亡びない。

東洋平和を亂したのは日本の侵畧主義である。日本が其の存立の爲めに三國相提携せんと欲せば、先づ來つて吾れに提携を乞ふべしである。

同光會及親日派では内政の獨立を計つて居るが、眞正なる鮮人は之れを喜んで迎へて居ない。又日本の政治家が果して之れを實行してやる力と誠意を有するかも疑はしい。故に鮮人は之れを願つて居ないし、又其の時でもない。却て東洋平和を害する基となるものである。

(二三) 申　肯　善　氏　無職五十七

今度三代議士が見へらるゝに就て、吾々は女より子供に至る迄歡迎し度いのですが、今迄日本を信頼する事が出來なかつたから非常に疑ひ深くなつて、皆樣に對しても歡迎し度い御訪ねし度いと思ひ乍ら致し兼ねて居る向きが多いのです。

朝鮮の事情は、若し世界の大勢に通曉して居る者ならば敢て調査の必要は無いのです。

私が皆さんの所に御伺ひするに對して、私の友人や親戚の者で揶揄するものがありました。又責める者もありました。然し私は斷乎として御伺ひしたのです。卽ち私は皆さんの誠意を幾分か了解致して居るものです。

併合以來今日迄我等朝鮮人が如何に悲痛をなめ胸に餘る欝憤に閉されて居つても之れを訴ゆる所もなく、無暗に之れを言へば、捕縛せられ打首にせらるゝのみであつたのですが、今日は之れが出來る樣になつたのは、朝鮮の力でなく又日本の力でもなく、世界の大勢が然らしめた事と思ひます。

（二四）慶賢秀氏

京畿道坡州、六十二
儒林者宿

吾々は一から十迄日本に不服です。其の原因を貴下方は御承知ですか。此の不平は一人二人の不平でなく、又一年二年の不平では無いのです。日鮮關係に於て三ッの時代があります。

五十年前には第一の階級即ち老人階級に面白からぬ感情を與へました。次には中年の者の感情を害し、今は三歳の童子に至る迄感情を害して居ます。

私は六十二歳です。私の十歳位の時から今日に至る迄の經驗は明瞭に覺へて居ます。私の十歳位の時は明治維新の當時で、日本では盛に征韓論が起り、丁度西郷隆盛が政權を握つて居つた時でした。其の時朝鮮の有志は早く之れを悟り、日本は朝鮮を害せんとしつゝあるを知つて感情を害し初めました。此の時は重に第一階級老人分子の感情を害したのです。

然るに其の後日清日露戰爭が初まりました。日清戰爭の當時は宣戰布告に朝鮮の獨立の爲め、又日露戰爭の時も朝鮮の獨立と云ふ言葉があつた。其の當時は日本は朝鮮を取らうと思つたのでは無く、東洋平和の爲めを思つて致したのである。私のみでない、其の當時の人は皆そう考へて居たので、民心を擧げて日本を歡迎し、感情を害して居つたのです。

その後どうしたものか、心機一變して日本を嫌ふ樣になつた。其の理由を述べ度いと思ふ。其後三浦梧樓以下四十五人の日本人が謀つて閔氏を殺害しました。それを知つた朝鮮人は一變して日本を信頼する事が出來なくなつた。

日本政府は其の事實を知つて、三浦を初め四十五人の犯人を捕縛し、廣島で裁判が開かれました。人間を殺したものが死刑に處せらるゝは當然であるが、其の時は四十五人中一人として死刑に處せられたものがありませんでした。此時には唯だの個人間同志が殺し合つても死刑に處せらるべきに一國の皇后を殺しても、其のまゝにして置くとは、日本の法律は全く信頼するに足らぬと云ふ感じが一般の人々の頭に上るに至つたのであります。

其の時に早や鮮人の惡感を十分に買ふに至つたのでありますが、其後伊藤侯來り保護條約を締結するに至り、益々日本に對する惡感情を增長するに至つたのです。保護條約は我が朝鮮の政府が承認し王樣が批准したのではなく、一部の奸臣から僞りの證書を取つて行つたのです。

今から十年前李太王の時代に、伊藤侯は李完用と謀つて位を潛した。其の初めは攝政と云ふ事になつて居つたが、其後七條約を結び、財政、郵便、其の他の權利を日本人が得るに至り其後益々惡感情を激成するに至つた。

併合には讓り與へると云ふ事になつて居るのでありますが、之れは讓つたのではない、大砲を王城の所に持つて來て强要したのであります。之れを讓り合ふと云ふ事が何處にありましやうか。

然るに四年前陰曆十二月廿二日皇祖李太王は急死せられたのであります。其の時に高永根が總督府へ書面で其の病死が頗る怪しいと云ふ事を申送つたのであります。然るに總督府は之れを取調ぶると云ふ事は今日迄ないのであります。故に今日は一層に人心を失ふに至つたのであります。

苟くも一國の君主が亡くなり夫れが怪しい時に、之れを司法部又は警察部で取調ぶる事に不熱心である事を知る時は一般の人が其の政治を信ずる筈がないではありませんか。

其の翌年三月一日一般に萬歲を唱へた。然るに夫れが如何なる罪であるか、夫れを罪人として殺した人數が約四萬近くになつて居る。又水原の如きは七十軒もある村を皆燒いて殺して仕舞つた。此れでどうして治められましやうか、人心をどうして得られましやうか。

口で萬歲を唱へ、手で拍手する事が何で罪になるのですか。手に武器を握り强盜でもするならば兎に角、何を持たぬ者をどうして罪する事が出來ましやう。

然るに齋藤總督は文化政治をやると云つて居つたが、來て見ても文化政治は行はず、武斷政治を行つて居る。それ許りで無く、警察の人員を增して今日迄捕へたのが一萬人以上になつて居る。斯の如くして何で文化政治と云ふ事が出來ましやう。朝鮮の人民は蚯蚓の樣な動物とは違ふ。蚯蚓でも押せば何とか云ひます。況んや人間をやです。でありますから、此の壓迫の下に於て何とかせねばならぬと云ふ事になつて、之れを各國に行つて告げたのです。

日本が朝鮮を取らうと思つても、それは到底取れません。武力を以て一時に千七百萬の民を殺して仕舞はねば出來ない相談です。然し自身が死んでもやるものかと思つて居るから、鮮人全體も無論そうです。とても取れるものですか。取れたら取つて見なさい。(破れるが如き大聲にて卓をたゝき足を踏み鳴らして論ず。)

人の國を取つた以上之れを穩かに治める事はあるが、人の君主や國母を殺すと云ふ慘酷な事が何處にあるか。日本人が朝鮮の國主を殺し、臣民を虐殺した事は吾々の到底忘れられぬ事である。

此の春の議會では「内政の獨立」を請願したそうですが、朝鮮人は決して喜んで受けるものではありません。

以上隨分激論致しましたが、之れも東洋三國が何とかして穩かならん事を冀つたからであります。今日本の狀態を漏れ承りますれば、日本では人民が生きて行かれぬ程になつて居る。故に政府と臣民と相反目して居る。此の事情では日本も滅んで仕舞ふ。そうすれば朝鮮のみではない、日本も滅びる事になる。御互に滅んでは何にもならぬ。兩國とも完全に起つて行く樣にせねばならぬ。

土地を併合すれば心は離れ、土地を離せば心は融和する。是れは何れを取つたらばよからうか。言ふ迄もない所であります。

從つて今春の内政の獨立の請願に對しても朝鮮人の多くは之れを喜んで迎へないのです。此んな事はやつたつて同じですから爲ない方がよろしいです。

(二五) 李　秉　林　氏

世界の大勢並に内外の事情に付ては先程田文君が申されたから私は申しませんが、皆さんの今度當地に御出になつたのは、眞に東洋平和の爲を思つてか、或は政畧の爲めか、私は今尚疑つて居ります。然し折角御出になつたのでありますから私も一言申します。先程も言はれた通り、内政の獨立は眞實なる朝鮮人全體の叫びではない。内政の獨立を稱へて居る者は眞に朝鮮の爲めを思ふ者でもなく又日本の爲めを思ふ者でもなく、單に日本の奴隸になつてやるのである。さりとて日本の爲めに忠實にやつて居るかと云ふにそうでもない。只其等の人の考は權力を持つて居る當局者に阿諛して、自己を顯榮の地位に置かんと思ふが爲である。

此處へ來られた以上は、本當の事情を取調べられるだらうと思ふが、先に申しました通り、内政獨立の如き事は考へずに、眞正なる日本の爲めに謀られん事を希望します。遠く此處迄見へた甲斐が無くならぬ樣に希望致します。

（二六）金　相　禹　氏

青林教代表

一、代表としての希望　青林教は東學黨の一分派です。是れを創めた理由は宗教は宇宙を目的とするものでありますが、殊に亞細亞の光を發揮するには、支那、朝鮮、日本が共榮共存を期せねばならぬ。然して之れを爲すには宗教の力に據らねばならぬ。

私は此れを創める時に、宇都宮氏、齋藤總督、水野總監にも會つて申しました。其の時は大正八年の萬歳騷ぎの時でありました。

元來法律は改悛せしめる事を主として居る。今日監獄に入れる事は或期間に改心せしめる事を條件として居るものである。然るに夫れよりも監獄に入れずに歸順さしたらどうかと思ひます。又國家と國家とは御互に反目競爭する事は宜くない、相讓り合つて共存共榮を計らねばならぬと云ふ主旨であります。要するに基督教にては天國を望み、佛教にては極樂を望むが、青林教にては現代の天國極樂を望むのです。

二、個人としての意見　私は十三の時家の金十圓を持つて仁川から東京に逃げました。是れは日清戰爭の始つた明治廿七年の頃でした。そうして陸軍士官學校を卒業しました。歸つてから役人をして、明治三十三年に至り支那に渡り十年許り止りました。

役人の時は何にも考へませんでしたが、支那に行つた後は年も三十円五になつて來たので大に考へました。東洋の平和を確保する事は一體何處に其の責任があるか、夫れは日本にあらねばならぬ。其の日本が幼稚なる支那人、朝鮮人に對するには之れを困らしめるよりも先づ之れを可愛がる事が第一と思ふ。

朝鮮人一人として獨立を希望しないものはありませんが、私は朝鮮の獨立は現在は期し難い事として諦めて居ます。未だ準備が足らないのです。例へば吾等の親愛なる子弟が自分の體に小便をたらしたとしても可愛いのである。其の情愛を考へると、吾々の責任として次の時代を構造する之等の子弟を導くには奮闘努力せねばならぬ。

吾々は今前面に現れて居る斷岩絶壁に出遭つて居る。吾々は之れを切り開いて前方に進まねばならぬ。後から追つてくる人があるから。

朝鮮人を治めるには穩かに、忍耐して、愛撫するより外にはない。朝鮮統治の大策を定めるには朝鮮の舊慣、歷史を知つてもらはなくてはならぬ。

(二七) 朴　東　洙　氏

私は田舍で百姓をして居る者であります。何十年來文化政治と云ふ事がありますが、文化どころでなく却つて惡化政治となつて、今や人民は一人として生活が出來ぬ樣になつて來ました。今は自暴自棄になつて、ドンナ事でもやらうと思つて居る。日本人は韓國時代よりも良くなつたと申しますが、朝鮮人は皆が皆韓國時代を懷いて居ます。私は唯之れ丈を申し上げます。

(二八) 具成一氏

私は全北の片田舍に住んで居るものです。鮮人數十人、日本人數十人外居ない所です。併合以來文化政治を行ふと云ふ事であつた爲、必ずや日鮮人共に安全に、相互に悅んで暮して行かれると思つて喜んで居りましたが、今日は豫期に反して、朝鮮人は非常に暮し惡くなつて來ました。それは總督府が日本人を保護するのに偏さすぎるからであります。同じ事を願ひ出ても日本人には直ぐに許可が下るが、朝鮮人には非常に遲れる。遲れる許りでなく許されぬ事が多い。それで、自分達の墳墓の地として、數百年住居して居るその土地に居つても、安らかに暮して行く事が出來ぬ。日鮮人を同等の取扱ひをしてくるれば、それで安んじて暮して行けるのです。

(二九) 張德秀氏

東亞日報主筆——十八日午後往訪——

思想界の傾向として一般の民心が赤化して行く趨勢にあると云へやう。沿海州上海方面にある鮮人が赤化しつゝあるは無論だが、内部に居るものも鮮人の多くは勞働者であるから此等の人々は勞働者の世界になると云ふ期待から赤化を歡迎して居る。青年は又閉鎖せられたる前途に光明を見出すべき唯一の方法として赤化を歡迎するの傾向がある。

農民の如きも多くは小作人である。小作制度が決つて居ない。小作年限の定めがない。小作料は大抵半々だが、其他に色々の負擔がある。税金の負擔さへ小作人側でする所がある。從つて小作人は非常に困窮して居るから、夫れより救はるゝ手段として赤化を期待して居る狀勢である。

政治的の獨立は當然の事として、鮮人の間には問題になつて居ない。獨立が實現する迄ジツトして居るワケに行かないから、或は內政獨立とか參政權の運動が起つて居るのです。

然し鮮人の頭には、自治とか參政權とか云つても日本人が之れを許すものかと思つて居る。總督府の言ふ事も矢張り少しも信用しない。是れは或意味から鮮人の氣分が曲つて居るからでもあるが、人民と政府と相離隔して居る事が最大原因である。鮮人は日本人と握手し度いと思つて居るが、此の調子である爲めに手を出し兼ねて居る。

文化政治を行ふと言つて憲兵制度を警察制度に更へたが、拘留の數がドレ丈減じたのでありますか。自由を與へると言つても何處に自由がありますか。產業を發達せしめると言ふが、何處に產業がありますか。右の樣な有樣で言ふ丈で之れを行ふと云ふ事がないからゴマカシたと疑はざるを得ないのです。今日では鮮人は到底日本を信用する事は出來ないのです。

然らば信用せしめるには如何にせばよいかと云ふに、朝鮮は朝鮮人に任して日本は大體に於て其の大綱を握む事にすればよいのです。無論朝鮮人が請託をする事は內地人よりも多い事は明かである。然し一般鮮人は日本人にイヂメられるよりも朝鮮人にイヂメられる方が遙に增しだと考へて居る。

郡守の如きも大正八年の獨立騷動迄は全く空位を擁して其の下の財務主任が實勢力を握つて居つたのですが、獨立騷動以來、郡守の勢力が非常に增大して今では自身に權力を振ふ樣になつて來た。此の趨勢は今後益々强くなると思ふ。結局は朝鮮は朝鮮人に治めしめるより外に方法無きに至るでありましやう。

一般民衆は獨立の時期、手段に就ては、具體的に考へて居ない。然し上海沿海州等に居るものは、或は日米戰爭を利用しやうと言ふて居るものもあれば、社會革命の運動に依て達成せんと思つて居るものもある。又自治參政權を得て然る後に絕對獨立に至らんと願つて居るものもある。又或者は鮮人間に普く獨立の必要と理由とを明示し、其の一部隊を日本に送りて日本國民の間に宣傳せしめ、以て獨立を行はんとして居るものもあつて、未だ一定の時期並に手段の決定を見て居ない。

總督に善政を望んでも內閣が動かねば何にもならぬ。內閣を動かすには國民を動かさねばならぬ。故に國民に對し雜誌新聞を以て宣傳せねばならぬ。それには米國等を通じて宣傳しやうと思つて居るものもある。又直接日本人と交渉して宣傳しやうと思つて居るものもある。呂運亨は此の最後の方法を採つて失敗した。其の爲めに日本人と公平に主義主張を交換しやうと思つてもそれは到底駄目だと言つて今や朝鮮人は之れを厭ふ形勢となつて來た。

此の前の獨立騷動は鮮民族一千七百萬が一齊に起つて自己の權利と自由を求めた具體的の發現に外ならなかつた。然るに其の結果は何物をも得なかつたのである。故に今は煩悶の時である。此の次に必然來るべきものは赤化である。今でも青年の頭は皆赤化して居るのです。

鮮人は食ふ道が無い、留學して歸つても郡守位の外なれない。一生役人をしても其の最上地位は道知事である。それでは青年の心が役人に向く筈がない。

實業をやらうと思つても資金を融通してくれるものはない。鮮銀や殖產銀行でも、果して朝鮮人の爲めに建てられたものか、將又朝鮮にある日本人の爲めに建てられたのであるか、日本人には良く供給してくれるけれども鮮人には容易に融通してくれない。若い者が會社を興しても之れがつぶれて仕舞ふ。つぶれた者は皆京城へ來て會を起す。而して赤化の運動を宣傳する。工業は產物も技術も無いから駄目です。農業をやらうとすれば水田の三分の一は日本人の手にある。山林は江原道が主だが大概日本人の手に在る。右の通りで職業を求めても遂に得られない。食ふ道がないから不平が起る。之れが惡化の第一原因だ。先づ第一に鮮人が發展する爲めに保護を與へねばならぬ。

關稅撤廢の問題に就て言へば、勞働者や靑年は之れに贊成する。併し若い者の大部分は之れに反對する。今朝鮮人が消費して居る品物は大抵日本から來る。之れでは朝鮮人は何時迄も消費者の地位に置かれるのみだ。之からは茶碗でも絲でも、何でも朝鮮で製產が出來る樣に關稅を置かねばならぬ。

增稅問題に付て言へば、今年から地租三割の增徵となつたが、人民は之に對して何事も言はずに默つて居る。元來總督府は何事をやるにも朝鮮人に對しては一つも諮つた事が無い。何事を日本人がやつても默つて居るのは言ふ事を恐れて言はないのではない。心には思つても「何事を言つても日本人が聞くものか」、「又日本人がやるのだ」と言つて自暴自棄に默つて居るのである。

先づ鮮人に權利を與へる事です。自治を與へると云つて諮問機關を作つたが、それは實際に運用せられて居ない。告訴をしても裁判官は大抵其處の署長だから罪にはならぬ。故に巡查が威張つて、地方に於ける警察は非常に亂れて居る。もう少し鮮人に積極的に權力を與へて之れを使用せしめる方法を取つてもらはねばならぬ。

（三〇）朴　勝　彬　氏

前朝鮮辯護士會々長、辯護士、各派聯合歡迎會歡迎辭の要領

現在に於ける朝鮮統治の政策には何れの方面を問はず總て誠意を認める事が出來ない。言ふ迄もなく日本の朝鮮に對する政策如何は直に之れ朝鮮人全體の死活の分岐點となるのである。冀くば三代議

士は此の度の調査によつて篤と內地の有志に朝鮮の現狀を知らせて貰ひたい。同時に出來るだけ速に之れが解決に努力して戴きたい。

(三一) 金　永　胤　氏

平壤新陽里金陵旅館主
十月十九日引見

議會に激烈なる朝鮮問題が論議せらるゝを見て、日本が漸く朝鮮問題を考慮するに至つた事を喜ぶのです。

二千萬に近き吾々民族の精神が如何に一致せるかを申上げ度いのです。吾が民族二千萬の精神は大正八年三月獨立運動の第一條に「朝鮮民族は最後の一人となる迄獨立を期す」と云ふのにあります。その事は昨夜の歡迎會席上に現はされた光景によりまして、自治とか內政獨立とか云ふ事は決して吾々の心ではない、吾々は絕對に獨立をせねばならぬと云ふ考を持つて居る事を明に御了解になつた事であらうと思ふ。

現在總督府の官吏となる者があれば其の兄弟親戚と雖交際を絕ち甚しきは父母の愛情すら失ふに至るのです。又本人も自分が總督府に使はるゝ時は兄弟親戚の愛、父母の慈愛を受ける事は出來ないものと覺悟するのです。

時間が無いから澤山の例は申しません。右の如き狀況ですから、如何に日本が同化させ樣としても、又神様の如うな政治を行はんと欲しても、到底それは不可能な事です。のみならず其の同化政策の爲めに却つて思想を惡化させるのみです。

如何に同化政策を施しても吾々民族は最後の一人となる迄獨立を期して居るのです。皆さんは日本帝國の爲め進んで世界人類の爲め十分に御研究あらん事を願ふのです。

（三二）許　德　元　氏　平安北道龜城郡方峴面下圓洞

鮮人の心底は皆同じですから今更申す事もないが、態々遠い所から來ましたから一言致します。日本が飽く迄併合を續けて行くならば永遠に平和を確保する事は出來ないのです。若し日本が朝鮮を獨立させぬ。朝鮮では飽く迄獨立させよと主張したら其の結果は如何でしやう。それは結局第三者をして漁夫の利を得せしめるに過ぎないのではありますまいか。

（三三）韓　南　洙　氏　獨立派の要人

第一に總督政治其のものを生み出した併合自體が日本の爲めに善き事なりしや、將又惡しきものなりしや、其の事に付て御伺ひして置き度い

總督府の人々は朝鮮人が騷ぐのは何にも分らないから又衣食が出來ないからであると言つて居る。

大正八年三月の獨立騷ぎは鮮人と雖其の時直に獨立が出來ると思つてやつたのではない。獨立の第一歩として、朝鮮民族も尙未だ死せざる也と云ふ事を知らしめる爲めにやつたのです。外に現れて居る日本の政策を見るに、日本は朝鮮を何時迄も植民地たらしめざるべからずと考へて居る樣であるけれ共、吾々は朝鮮の絕對獨立は決して遠い將來ではないと思ふ。無論實力から申せばそんな事が出來るものかと考へられるかも知れぬが、現に二三年前迄は朝鮮人が日本人の前にコンナ事を喋舌られなかつたのですが、今日は兎も角斯樣に澤山の人が見へてドシ〳〵說明すると云ふ風に相成つて來た。之れは日本人が許すに至つたのでは無い、世界の大勢が然らしめたに過ぎない。

總督府につかへて居る鮮人の官吏は、日本の爲めに衣食して居るから不平が無いかと云ふに、決してそうでは無い。

日本の視察者は一見して朝鮮は治つて居ると申しますが、朝鮮人千七百萬は總て內に滿腔の不平を藏して居るのです。萬歲騷ぎの時を回想して見れば分ります。其の前日迄も總督府では朝鮮は益々安穩に向ひつゝありなどゝ號して居つたものが、一朝にしてあの樣な大騷動となつたではありませんか。然るに今日此の風潮が止んだかと云ふに、朝鮮國內に居るものは首が危ないから表面は靜かにして居ますが、朝鮮外に居る滿洲、沿海州、露西亞の鮮人は約二百萬人と數へられて居ます。此等の者は多く獨身者ですが、其の父母兄弟等の家族は皆朝鮮に居るのです。然るに國外の鮮人は日本の爲めに追はれ、今非常に困つて故郷の空を眺めて歸り度いと思つても歸れば殺されますから、それも出來兼ねて居ります。其の結果二百萬の在外者は勿論國内にある其の家族的一千萬の人々（一人五人の家族ありとして）は總て日本を怨んで居るのです。卽ち少くとも人口の三分の二と云ふものは無限の恨を呑んで日本に對して居るのです。

然らば今日のまゝで果して日本の爲め又朝鮮の爲めになるかと云へば、何れの爲めにもならない。今日、日本の對朝鮮策は併合したから第三國に對する見得を張る上から色々の事をするのでありましやうが、實際日本の利益には少しもならないのです。帝國主義の思想は今や世界の何處よりも地を拂つて無くなりました。

現在西比利亞、沿海州に在るものが「ホルシエビーキ」を主張するのは何の爲めかと申せば、「ホルシエビーキ」を是非やらねばならぬと云ふワケからではなく、日本に對抗せんが爲めの手段に外ならないのです。

日本人が如何に拒否しても、朝鮮の獨立は近い將來の問題となつて來た。故に日本人に願ふのは此の際進んで朝鮮に獨立を與へてもらひ度い。朝鮮自身が進んで獨立する時を俟てば日鮮兩民の融和は到底六ケ敷いです。

時期の問題で參政權又は內政の獨立等の順序を經てから獨立してはと云はれますが、其の時期は何時迄待つても駄目と思つて居るのです。今の日本の政策からすれば、參政權又は自治論迄は問題になりますが、獨立と云ふ事に就ては日本人一人として考へるものは無いのです。それでは日本の爲めにならないのです。

吾々は總督府の政治の善惡は眼中に無い。善くとも不平、惡くとも不滿です。十年前迄は日本の立場として露國又は獨逸に對抗上朝鮮を領有するとの議論が出來たのであるが、今日は大勢力が變更して、そんな事は言はれなくなりました。

併合は鮮人の心でなく、二三の人が私慾を肥す爲めに行つたのです。日本人は朝鮮人を馬鹿だ、無識だと言つて居ますが、そんなに馬鹿でも無識でもありません。然し吾々朝鮮人の目的を達する爲めには、日本人がそう考へてくれて居る方が寧ろ却つて決着が早いです。

總督府の政治は此の根本に於て間違つて居るから惡いに極つて居ます。まるで十八世紀の植民政策そのまゝです。

日本人の視察者が地方へ行つて會ふ者は多く金持です。金持は皆無識です。國家の前途、民族の事などは考へません。是等の人に言はしむれば、無論現今の政治は良いと申しましやう。然し之れは千人萬人に一人で、決して鮮人の代表的人物では無いのです。

現今圖滿江や鴨綠江附近の狀況はどうです。常に叛亂が絕へない。之れに軍隊、警官を派しては治めて居るが、それでは限りが無いと思ふ。

獨立は日本が如何に拒んでも、朝鮮自身で獨立する事になるから、早く日本から進んで獨立せしめるがよい。

過激な人々は「日本人の種を殘してはいけない」など言つて居ます。一體日本人は鮮人の氣質を知らないのです。鮮人は大陸的の氣質を持つて居る。壓へれば壓へられて居るが一度頭を上げると何處迄も上げてくる。

鮮人の誰でもに、總督政治は何ふかと聽くと、良く治つて居ると云ふのです。之れはそう言はなければ危險であるからです。今日日本政治がよいと云つて居るものは、日本政府が大に歡迎して居る所の者ですが、それは却て日本の爲めに不忠實です。李完用の如きは最も不忠實なものです。

私は現在の獨立運動に依て直に獨立が出來やうとは思つて居ません。然し之れを世界に宣傳し、以て獨立の機會を作り度い爲めにやつて居るのです。

總督府の方針では、鮮人を無識文盲であるとして人格を無視し、人類としての取扱をなさない。然し朝鮮人の民族性は半島國であるが大陸性を帶びて居る事は上述の通りであるから、一度爆發すれば止まる所を知らないのです。

日本すら普通選擧を行つて居ないのに、朝鮮人に對して參政權や自治權、進んでは內政の獨立などを與へるものではない。どうせ與へられぬものなら最初から絕對獨立を叫ぶが第一だと云ふ氣分です。西比利亞や沿海州に居る者は、實力を以てしては到底日本の對抗が出來ぬから、赤化せしめるより外はないと考へて居る。赤化は目的に非ず手段である。

(三四) 車 東 準 氏 全州の人、意見書を以て談話に代ふ

今回 各位一行の御渡鮮に對し我が朝鮮民族は滿腔の熱情を以て歡迎す。又小生は朝鮮の爲め大は東洋の爲め慶賀に堪へざる次第なり。

御一行中には第四十五議會に朝鮮の實情卽ち朝鮮總督府政治の實蹟を論評したることあり、其詳細は速記錄等に依り拜見せり。

氏に對し會心の敬意を表し、且つ無限の敬慕に堪へず。乍遺憾車中には御疲勞、京城には御多忙の關係にて、再び拜顏の機會を得ず、乍難筆便宜紙面を以て一言の蕪辭を呈するに至れり。突然の御渡鮮にして何等の準備なきに付、一二の事柄を別紙に要領のみを簡記し、御參考迄に提出せり。或は之が御參考になれば幸なり。希くば來る第四十六議會に、不相變朝鮮の爲め又は國家の爲めに御盡力あらんことを切望す。

(一)自治の前提として中樞院の改廢 現在朝鮮總督の諮問機關たる中樞院は、朝鮮統治上必要なきは

勿論、朝鮮民衆を無視したる不生産的の集合體なりと信ず。民衆を無視したる斯かる機關は宜しく改廢せざるべからず。之が改廢を爲すには、其の組織と作用は朝鮮議會とも云ふべき議決機關と爲し、苟くも朝鮮人の權義に關する法令等を審査協賛せしむるの權限を附與するを可とす。曾て朝鮮は日本內地の延長なりとして參政權を獲得するが爲め運動を試みたる主義もありたりと雖も、長き歷史を有し、且つ風俗慣習を異にする朝鮮民族を一朝一夕に日本化せしむるは、到底不可能の事實なり。要は朝鮮議會論にして、朝鮮民度に適合する議會、卽ち特殊機關の組織を主張するにあり。

(二)面に自治制を布くこと　面に自治制を布き、面民をして公共心を養成し、且つ政務に慣熟せしむるは最大の急務なりと思料す。朝鮮に對しては何事をも時期を云々して保留するも、日本內地の町村に自治を許したる其の當時の民度より推察すれば、朝鮮の今日の面に自治を許すべき可能性を有す。先づ以て北海道の町村制に準據し、指定面を一級面に、其の他の面を二級面として漸次進步したる制度に變更するを可とす。

(三)敎育機關の擴張　現在の敎育機關は實に幼稚にして、所謂文化政治に反するが如き感あり。國庫より卽ち朝鮮總督府より補助金を增額して、速かに一面一校の初等敎育機關を建設し、又其の他の各種の敎育機關をも相當完備することを要す。

(四)產業政策　朝鮮民族の將來は、誠に寒心に堪へず。朝鮮人本位の產業政策は、或は之が永遠の平和策なるが如し。

（五）政界失業者の救濟　共存共榮は人道正義にして國家存立の根本義なるは論を不俟。朝鮮民族は政治に對し客觀的依賴的にして、往時の納税動物たるの感なしとせず。朝鮮の政界は日本人本位となり、大官要職は勿論小使役に至る迄日本人を以てし、朝鮮歳入の大部分を吸收し、且商工業等に至るまで不知不識の間に又吸收するは明確なる事實なるべし。目下の朝鮮人は破產宣告を受けたるが如く、近き將來に赤身のみ殘るべき因果を生じ、無職失業者は日を逐て增加し、其危險化愈々濃厚となり居れり。東洋永遠の平和を謀るには、此際朝鮮人をして政治に自主的自治的ならしむべし。之が日本の永遠の繁榮策なりと信ず。

清國及朝鮮視察報文

清國及朝鮮視察報文

小官儀清國及朝鮮ヘ出張ヲ命セラレ本年八月二十二日京都出發以来大連、營口、撫順、奉天、長春、哈尓賓ヲ経テ更ニ安奉線ニ入リ鴨緑江、鎮南浦、京城、釜山方面ノ土木工事ヲ視察シ日ヲ閲スルコト四十六日経過スル所ノ鐵路約一千八百哩、航路約八百浬ニシテ十月六日帰學仕候乃チ其間見聞セル所ノ大要ヲ纏述シ報文ト為シ茲ニ之ヲ提出致候也

明治四十三年十二月一日

理工科大學教授　二見鏡三郎

京都帝國大學總長菊池大麓殿

目次

満鉄ノ工業試験所

撫順炭鑛

營口

　營口駅

　營口水道

奉天

長春

哈尓賓

安奉線

　軽便線

　改築線

朝鮮ノ部

朝鮮ノ鉄道

沿革
京釜線
京仁線
馬山線
京義線
営業成績
鴨緑江架橋工事
橋臺及橋脚工事ノ工程
潜水函
竣工期
仁川水道
朝鮮ノ築港工事
鎮南浦

附圖

第十一號	安奉線（輕便改築）線路平面圖	一葉
第十二號ノ一	安奉線改築平面及縦斷面略圖	一葉
第十二號ノ二	安奉線改築線平面圖	一折
第十二號ノ三	仝　縦斷面圖	仝
第十二號ノ四	仝　停車場定規圖	一葉
第十二號ノ五	安東縣附屬地平面圖	仝
第十二號ノ六	安東縣停車場地築圖	仝
第十三號	釜山京城間線路一覽圖	一折
第十四號	京義線ノ路縦斷面圖	一折
第十五號 自一至二十一	鴨緑江架橋工事ノ圖	二十一葉
第十五號ノ二十二	仝上寫眞	一冊
第十六號 自一至十一	仁川水道ノ圖	十一葉
第十七號ノ一、二、三、	鎮南浦築港圖	三葉

第十七號ノ四　仝上寫眞　一冊

第十八號ノ一、二、　釜山築港圖　二葉

満洲ノ部

満鉄ノ線路（附圖第一号参照）

南満洲鉄道會社ハ其本社ヲ大連ニ置キ、線路ハ南、大連ニ起リ遼東半島ヲ縦貫シテ大石橋ニ至リ遼河ニ並行シ其流域ヲ経過シテ北、長春ニ達ス之ヲ幹線トス其延長四百三十七哩余アリ沿道ノ地勢概子平夷（最大勾配百分ノ一 曲線最小半径二千鎖）ニシテ一ノ隧道ナク橋梁ノ大ナルモノハ熊岳城川、太子河渾河及清河ニ架セルアルノミ遼東半島ヲ離ルレバ展望空濶、平野天ニ接ス而シテ奉天ニ於テハ清國京奉線ニ接續シ、長春ニ於テハ露國東清鉄道ニ又目下建設中ノ清國吉長線ニ接續ス

又支線ニハ旅順線（大連ヨリ約四十哩）、営口線（大石橋駅ヨリ約十四哩）、撫順線（蘇家屯駅ヨリ約三十五哩）アリ別ニ安奉線約百八十哩ハ現ニ改築中ニ属ス

全線ニ於ケル一山一丘盡ク日露戦役ノ新戦場ナラザルハナク為メニ憑弔感慨ノ情亦殊ニ深キヲ覚ユ

満鉄ノ経営

南満洲鉄道會社ハ満洲ノ発展ニ力ヲ用フルコト多大ナリ試ニ大連ニ於ル経営ヲ見ルニ港湾ノ改築、大規模ノ工場新築、電力及瓦斯ノ供給、電気鉄道ノ経営ヲ始メトシ病院、遊園、ホテル、海水浴場、工業試験所ノ設置ニ至ルマデ亙ラユル殖産若クハ公共的事業ニ着手シツヽアリ

而シテ経営ノ状況ヲ観察スルニ満洲ノ大豆ト撫順ノ石炭ハ同鉄道ニ由リテ海外ニ輸出セラレ其絶大ナル富源ハ世界ニ知レ渡ラントス今ヤ會社ハ既ニ其軌道ノ一部（大連蘇家屯間）ヲ複線トシ其車輌ヲ新式ニシ大連上海間ノ航路ヲ直通シ東清鉄道ト相待テ欧亜交通ノ最捷公道タランコトニ努力シツヽアリ

満鉄ノ軌条及車輌其他建築規定（附図第二号及第三号図参照）

南満洲鉄道會社ハ旧軌条六十封度（一ヤード付）ヲ新軌条八十封度ニ改良シツヽアリ又今日會社ノ有スル車輌ノ数ハ廣軌式ニアリテハ

機關車二百五臺、客車百二十三臺、貨車二千二百四十臺アリ又軽便式ニアリテハ機關車八十二臺、客車五十四臺、貨車六百五十臺アリ（以上四十三年二月調）

而シテ該軌條、車輛、其他建築規定ハ別冊圖面ニ詳カナリ

満鉄ノ営業成績

南満洲鉄道會社ノ営業成績ハ鉄道幹線ノミニ就テ之ヲ言ヘバ四十二年度前半期ニ於テ客車収入百三十五萬三千餘圓、貨車収入四百二十六萬餘圓、之レニ対スル支出ハ約二百三十八万餘圓ニシテ収入百ニ付支出四十二ヲ示メシ又仝年度後半期ニ於テハ客車収入百六十三万三千餘圓、貨車収入六百七十餘万圓、之レニ対スル支出ハ約二百八十二万圓ニシテ収入百ニ付支出三十二ヲ示メシ純益一日一哩平均仝前半期ハ三十四円七十五銭ニシテ後半期ハ六十三円二十六銭トナリ此ノ如ク幹線ニアリテハ頗ブル好成績ヲ示スト雖モ船舶、旅館、港湾、鉱業、電気、瓦斯、安奉線ノ軽便鉄道其他ノ営業ニ於テ成績良好ナラザルモノアリテ総平均ハ前半期ニ於テ

收入百ニ付支出八十三、又後半期ニ於テ收入百ニ付支出六十九ヲ示メセリ

大連ノ人口及満鉄社員ノ數

大連ノ人口ハ四十二年三月調ニテ約三万人ニシテ内日本人約三分ニ二支那人約三分ノ一ヲ占メシモノ現今ハ合計約四万五千人ニ増加セリ以テ其発展ノ著シキヲ見ルベシ

南満洲鉄道全線ニ亘ル會社ノ職員及傭人ノ數ヲ掲クレハ左ノ如シ

（明治四十三年三月調）

職員		三二六五人
傭人	日本人	五四九〇、
仝	支那人	六二六七、
合計		一一七五七、

大連ノ築港（附圖第四節参照）

大連ノ築港ハ四箇年六百万円ノ継續事業タリ先ヅ東清鉄道

時代ニ會社ノ專用繫船場タリシ大埠頭長千九百六十八呎ヲ修築シ其尖頭長八百八十八呎ノ部ニ接スル内港ノ一部ヲ干汐面以下三十呎ニ浚深シ優ニ一万噸以上ノ巨舶ヲ横付ケスルヲ得セシメ殘部ハ水深二十呎ヲ保タシムル計畫ニシテ鉄道線路ヲ導キテ貨物ノ積卸ニ便ス又大埠頭ト並行ニテ略ホ之レト同距離マデ遠ク海中ニ突出シ外港トノ境界ヲ劃セル東埠頭ヲ修築シ其尖頭ニハ長千二百二十尺ノ防波堤ヲ築キ而シテ其尖端ヨリ千二百尺ノ隔テヽ全港灣ヲ保護スル為メ長二千八百五十呎ノ北防波堤ヲ築造シツヽアリ

明治四十一年中本港出入ノ船舶數ハ左ノ如シ

入港汽船	一四五九隻	九五九二四〇噸（登簿）
出港汽船	一二六六隻	九一四七三四噸（登簿）

入港帆船　二八三四隻

三八三六二五石

出港帆船　二九〇九隻

三二七三四五石

明治四十二年本港ニ於ケル陸揚及船積噸数ハ左ノ如シ

陸揚噸数　前半期　一一九六八二噸（一噸ヲ千五百斤トス）

後半期　一五九六一五、、

船積噸数　前半期　四九五三七〇、、

後半期　六〇二八六四、

而カモ其輸出噸数ノ重ナルモノハ大豆及豆粕ニシテ総船積噸数ノ約半ヲ占ム即チ

輸出大豆及豆粕噸数　四十二年前半期　二〇二〇五八噸

仝　後半期　三一九八八六、、

其内歐洲ニ輸出スルモノ最モ多シ即

輸出先	四十二年前半期	四十二年後半期
歐洲	一五五三七一噸	一八八六九九噸
日本内地	三二六三一	四三二〇二
廣東	五九一一	一六四七五
上海	二二六〇	四三七七
厦門	二五一	三一五五
香港	二六七三	二六三〇
芝罘	一一九	一二五四
仙頭	—	七三八
其他	二九四二	九九三五六
合計	二〇二〇五八	三一九八八六

大連ノ市街、水道及下水（附図第五号参照）

初メ露国ノ市街ヲ劃スルヤ星形式（Radial system）ヲ用ヒ其道路ハ廣濶ニシテ區劃整然タリキ又現ニ満鉄ノ社宅ニ使用セル露国式家屋ノ如キ其構造頗ル趣味ニ富ミ住宅ニ適ス而カモ全市未タ成ラズシテ日露ノ役起リ全市ノ露国民挙テ旅順ニ退却セル時ニ當リ惜ムベシ我軍之ヲ占領セン迄其間僅ニ十餘時間ナリシニ拘ハラズ鼠賊虚ニ乗ジ或ハ財寶ヲ奪ヒ或ハ高樓ヲ燬キ市街ノ惨状甚シカリシト云フ今ヤ関東都督府民政署ハ南満洲鉄道會社ト共ニ鋭意市街ノ復旧改良ニ努メツヽアリ

水道、下水及道路ハ関東都督府民政署ノ所管ニ属ス、水道ハ元ト露国ノ経営セシモノヲ修築シツヽアリ 豫定人口十二万、一日ノ給水量四十二万立方尺（内日本人及欧米人七万二千人ニ支那人四万八千人ト豫定シ一人一日ノ平均給水量ハ日本人欧米人四立方尺、支那人一立方尺半トシ別ニ港湾船舶用トシテ一日三万六千立方尺、鉄道及工場用トシテ一万八千立方尺）

ニ対スル計画トシテ三十九年度ヨリ起工シテ第一期工事ニ着手シ四十年度迄ニ費セシ金額ハ約四十六万八千円ニシテ四十一年度ニ第二期工事ニ着手シ今日ニ至ルマデニ費セシ金額ハ約六十万円トス水源地ハ馬蘭河流域中ノ沙河口ニアリ馬蘭河ハ長約二里半流域約六千方里ノ小河ニシテ常時ハ表面ニ水ナシ露国時代ニ此河床ニ集水井八個ヲ掘リタルモノヲ新ニ伏堰堤ヲ設ケ取水スルコトニ改築シ喞筒ニ依リ大連ノ一隅ニアル高地、伏見臺ノ浄水地ニ送水ス其距離一万三千尺、高低ノ差百九十尺、送水管ノ経十六吋トス之ヨリ大連全市ニ配水スルニハ径十八吋、十六吋、十吋及八吋ノ鉄管ヲ布設セリ給水料ハ一立方米突ニ付十銭ノ割ヲ以テス

下水ハ四十五年度以降ノ起工ニシテ総計約百六十万七千円ノ豫算ニシ以テ今日マデ既ニ約六十七万円ヲ費シ現ニ盛ニ施工シツヽアリ

道路改築ハ総計約百四十万円ノ豫算ヲ以テ四十年度ヨリ起工シ既ニ約九十万円ヲ費セリ、一等道路ハ幅十四間車道幅五十尺、二等道路ハ幅十間車道

幅三十尺トシ人道ハコンクリートト、車道ハマカダム式ニシテ砕石ヲ敷詰ノ十噸乃至十五噸ノローラーヲ以テ堅メツヽアリ

又南満洲鉄道會社ハ大連停車場ト港湾トノ鉄道通路ニ當ル一大切取ニ跨リテ日本橋ト称スル「メラン」式鉄筋混凝土ノ拱橋ヲ架セリ此橋ハ今日大連ノ一美観ヲ添ヘツヽアリ

満鉄ノ病院

南満洲鉄道會社ハ又病院ニ重キヲ置ケリ到ル所ノ大駅ニハ必ズ病院ノ設置アリ其醫部医員ニハ必ズ京都医科大學ノ卒業醫學士ヲ傭聘セルヲ見ル

病院設置駅左ノ如シ

大連 瓦房店 大石橋 遼陽、奉天、鉄嶺、昌圖、公主嶺 長春、
橋頭 草河口 安東縣 撫順、

大連ノ海水浴場及遊園

南満洲鉄道會社ハ又大連ノ西、約二里旅順街道ノ傍ラ黒石礁ト称スル地ニ一大海水浴場ヲ設置シ之ヲ星ケ崗（Star Bay）ト名ツケ盛ニ土工ヲ起シホテルヲ新築シ或ハ料理店ノ開業ヲ許可シ以テ夏期外人及邦人ノ一大遊楽地ト為サントシツヽアリ又民政署所管ノ三公園ノ外ニ電鉄附属トシテ電気遊園ナルモノヲ設置シ盛ニ電気ヲ供給シ夏期ハ夜色燈ヲ輝カシ以テ大連住民ノ一遊園地タ畫セリ

満鉄ノ工場（附図第六号参照）

南満洲鉄道會社ハ又沙河口附近（大連ヲ距ル約二哩半）ニ廣大ナル土地ヲ買収シ一大工場ヲ設置シツヽアリ目下僅ニ工場二棟ノ建築殆成セシノミナレ𪜈将来ノ発展ニ妨ケナキ程ノ好位置ヲ占ム 清国ハ唐山ニ東洋第一ト称スル工場ヲ有シ、機関車客車、貨車其他凡エル鉄道用具ヲ製造シツヽアリ若シ夫レ沙河口ノ工場全部ノ設備完成ヲ告クルノ日ハ其規模ノ宏大ナル蓋シ唐山ノ工場ヲ凌駕スルニ至ラン

満鉄ノ工業試験所

満鉄所管ノ工業試験所ニ於テハ満洲ニ於テ発展スベキ各種ノ工業品ニ付キ試験的ニ調査ヲ為シツヽアリ其成績大ニ見ルベキモノアリ柞蚕業ノ如キ将来非常ノ盛大ヲ極ムベキ見込アリト聞ク

撫順炭鑛（附図第七号参照）

蘇家屯駅ヨリ分岐シテ撫順線ニ入ル撫順ハ去三十八年六月奉天会戦後我鴨緑江軍ノ占領セシ所ニシテ当時千金寨在住ノ支那人僅ニ三百人ニ過ギザル偏避ノ一寒村ナリシガ四十年満鉄会社ノ手ニ帰セシ以来爰ニ一大勢力ヲ傾注シ総テノ設備ニ約一千万円ヲ費スベキ計画ヲ立テ之ヲ六ヶ年ノ継続事業トシ松田工学博士坑長トシテ鋭意其衝ニ当リ市街ヲ画策シ水道下水ヲ設クル等目下盛ニ土工中ニシテ出炭額ハ現今一日ニ約三千噸ヲ出炭ス全部ノ計画完成ノ暁ニハ実ニ一日ニ五千噸ヲ出炭シ得ル設計ナリ竪坑ノ主ナルモノハ西坑、東坑、楊柏堡坑、老虎臺坑、大山坑、東郷坑トス初メ露国ハ烟臺炭鉱ニカヲ注キ撫順ハ僅ニ着手セシ時ニ日露開戦トナリシヲ以テ満鉄ノ経営ニ帰セシヤ烟台ニアリシ機械類ハ悉ク之ヲ撫順ニ運搬シテ使用スルニ至レリ(因ニ撫順ノ炭質ハ烟炭ニシテ烟台ノ炭質ハ半無烟炭ナリ)四十二年七月末現在職員、職工数ハ左ノ如シ

日本職員	三〇〇人
日本傭人	八八二、
支那採炭苦力	二〇〇〇
従役支那苦力	二一四四
臨時苦力	一〇〇〇

撫順炭坑ハ世界第一ノ大鉱脈ニシテ実ニ満鉄会社ノ経済的財源ナリ此坑所謂四十億円ノ財源ハ滾々トシテ尽クル所ヲ知ラズ其区域ハ西、古城子ヨリ楊柏堡、老虎台ヲ経テ東、東洲川ニ至リ其距離約十二哩、南北約三哩、炭層ノ厚サ約百三十五尺ニシテ約二十五度ノ傾斜(五十度)ヲ為シ其一方ハ現ニ

山頂ニ顯ハレ一方ハ大山坑ノ如キ四十年十二月着手以来約二年ニシテ現ニ千二百三十四尺ノ深サニ於テ炭層ニ達セリ又東郷坑ハ四十一年十一月着手本年四月現ニ九百尺ニシテ炭層ニ達セリ因テ下ニ一日ノ採炭高約左ノ如シ

東竪坑	一〇〇〇
西竪坑	五〇〇
東郷坑	五〇
大山坑	五〇
老虎台坑	一〇〇〇
其他	七〇〇

此等炭田ノ含蓄セル総炭量ハ実ニ七億噸ヲ下ラズ今仮リニ其三分ノ一ヲ採炭スルモノトスルモ二億三千余万噸ナリ一日ノ出炭高ヲ五千噸トスレバ一年百八十二万五千噸ニシテ今後百三十年ノ命脈ヲ保チ得ル実ニ国家ノ一大寶庫ナリ

輸出港ハ大連旅順及営口ニシテ旅順ハ軍港ノ制裁アルヲ以テ商船ノ出入目下頻繁ナラズ最モ近キハ営口ニシテ撫順ヲ去ル約百三十哩ニ一噸一哩ノ運賃約一銭乃至八厘ヲ要ス採炭実費ハ現今ノ設備ヲ以テスレバ山元ニ於テ一噸ニ付約二円乃至一円五十銭ニシテ今仮リニ其最モ高キ価ヲ採リ営口ニ於テ輸出セントスレバ一噸ノ実費約左ノ如シ

炭価	二円
運賃（百三十哩）	壱円三十銭
輸出関税	五十銭
船積手数料	六十五銭
合計	四円四十五銭

因ニ現今営口ニ於ル相場ハ左ノ如シ之ヲ以テ観ルニ他ノ炭鉱ノ競争シ能ハザルヲ推知スベシ

粉炭	一噸ニ付	五円五十銭
塊炭		六円五十銭
上等炭		七円五十銭

営口

営口ハ西暦千八百六十年ノ英清条約ニ由リ開放セラレタル満洲最旧ノ開港場ニシテ牛荘城ヲ距ルコト遼河下流約三十哩、同河口ヲ溯ルコト約十四哩ノ上流、其左岸ニ在リ。営口ノ人口ハ五万余ニシテ新市街ハ支那街ト牛家屯トノ間ニ在リ邦人ノ此地ニ住スルモノ新旧両市街ヲ合シテ約二千五百、外ニ鉄道附属地ノ住民約三百人アリ

営口ハ満洲内地ノ開発、漸次歩ヲ進ムルニ従テ発達セル市街ニシテ日露戦争以前ハ満洲貨物唯一ノ呑吐口タリキ殊ニ露国ガ東清鉄道ヲ経営スルヤ物資労力ノ大部分ヲ此地ニ仰キシヲ以テ一時ハ大ニ其繁栄ヲ助長セリ、戦後ハ繁栄旧ノ如クナラズト雖モ猶大連ト相並テ満洲ノ二大貿易港タルヲ失ハザルベシ

遼河ハ源ヲ内蒙古ニ発シ其航路ハ支流ヲ合シ約三百哩ニシテ開原、鉄嶺、奉天、遼陽ノ各首要都市ヲ連子水量ノ増減一ナラズ最モ多キハ春期解氷後及七八両月ノ雨期ニシテ交通最モ頻繁ヲ極ムルハ此時ニ在リ

営口ノ附近ハ元ト遼河ノ吐出セル泥土ノ堆積層ヨリ成リ河床殆ト傾斜ナキヲ以テ潮水干満ノ影響ヲ受クルコト甚大ニシテ船舶ハ常ニ潮水ノ便否ヲ計リテ入港ス干潮ニアリテハ吃水十呎ノ船舶ト雖モ入港スル能ハス而シテ吃水十八呎ノモノハ満潮ヲ待テ始メテ入港スルヲ得ベシト云フ

営口駅

営口駅ハ大石橋ヨリ分岐スル支線ノ終端ニシテ昨四十二年十一月元ト露国時代ノ終端駅タリシ牛家屯ヨリ新市街迄線路ヲ延長シ此処ニ設ケタル新停車場ナリ

満鉄附属地埠頭附近ハ水深最大七十五呎最小四十呎アリ岸状殆ト直立ナリト雖モ年々遼河ノ流勢ト浮氷トノ為メ漸次崩壊セラレ早晩附属地ノ

縮小ヲ免カレザル状況ナルヲ以テ之レガ護岸工事ヲ施サザル可カラズ石炭積卸ノ方法ニ付テモ亦未タ此處ニ何等ノ完全ナル設備ヲ見ズ

（目下満鉄會社ニ於テ其方法ヲ講ジ攻究中ナリ）

筆者ハ帝國大學理工科大學…

營口水道（附図第八号参照）

本水道ハ営口水道電気株式會社ノ經營ニ屬シ工學士達邑容吉氏ノ設計監督ニ成リ、水量約一日五十万ガロンヲ供給スルヲ目的トシ明治四十年六月起工シ工費約八十五万四千円ヲ費シ全四十二年六月竣成セルモノニシテ水源ハ遼河ノ濁水ヲ引用シ米國式機械的急速濾過法ヲ採用シ濁水ヲ醇化シテ以テ飲料水ト為ス取入口ハ營口ヲ距ル約五里田庄臺ノ對岸ナル五料トヨブ地ニアリ此處ニ濾過シタル浄水ハ喞筒ニ依リテ徑十二吋ノ鉄管ヲ通シテ營口新市街ノ東端青推子ニ在ル高サ約七十呎ノ水塔ニ送水セラレ夫ヨリ市内ニ徑九吋乃至三吋迄ノ鉄管ニ由リ配水セラル配水線ノ長約二里十町ニ及ブ

給水量ハ目下夏期ハ午前五時ヨリ午后七時迄ニシテ一日約廿三万ガロンヲ要シ冬期内直接給水量（専用）八万ガロン、切符賣（共用）約十五万ガロントス

又冬期ハ午前七時ヨリ午后五時迄ニシテ一日十万乃至十三万ガルロンヲ要ス切符賣ハ石油箱二個ヲ以テ一荷トシ四ガルロンニ付一銭ニ賣捌キツヽアリ

奉天（附図第九号参照）

奉天ハ満洲第一ノ大都會ニシテ人口約二十万戸数約四万ヲ有ス駅ハ奉天城ヲ距ル約一里、昨四十二年中旅客ノ乗降数約六十万、貨物取扱噸数約二十六万噸ヲ算セリ、清国京奉鉄路ノ連絡點ニシテ又我安奉支線ノ分岐点ナリ先レ露国ハ駅ヲ設クルヤ旧支那市街ヲ眼中ニ置カサルモノヽ如ク別ニ露国式新市街ノ建立ヲ企畫セル形跡アルヲ認ム而シテ尚モ新市街ヲ建立スル以上ハ水道ノ必要アル故ニ鉄道附属地トシテ頗ル廣大ナル土地ヲ有シ水源地ヲモ此内ニ含有スルヲ常トセリ奉天駅ノ如キ則チ其一ナリ

邦人ハ城ノ内外ヲ併セテ目下約四千人、駅ヨリ城ニ達スルノ間ハ既ニ日本街ヲ形成セリ鉄道附属地ニハ今盛ニ土工ヲ起シ区劃ニ従テ道路築造中ナリ、駅ヨリ小西門

外ニ至ル路ニ日清人ノ経営ニ係ル馬車鉄道アリ元ト東京市中ニアリシモノヲ茲ニ移セシト聞ク

京奉鉄路、 奉天ヨリ北京ニ通スル鉄道ニシテ日露ノ役我鉄道大隊ニ依リ奉天新民府間ニ布設セシモノヲ明治四十年清国ニ譲渡セルモノニ係ル又此鉄道ハ溝帮子駅ヨリ分岐シテ営口ニ達スルヲ得、奉天ニ於ケル本線ノ起点ヲ瀋陽駅ト称シ我奉天停車場ヨリ西北僅ニ半哩ノ地点ニアリ該駅ト奉天駅トヲ連結シ京奉線乗換者ニ便ニス（但此間ノ賃金ハ格外ニ高價ナリ）目下清国ハ瀋陽駅ヨリ直接ニ奉天旧市街ヘ達スル延長線ノ建設ヲ希望シ我当路者ト協議中ナリト聞ク

長春

長春ハ北満商業ノ中心ニシテ其北方ヨリ西方ニ亘ル大平野ハ大豆其他ノ穀類ヲ産スルコト満洲中実ニ第一位ヲ占ム、人口約六万、内日本人約二千

五百、駅ハ南満鉄道ノ終端ニシテ長春城北門ヲ距ル約二十丁ニ在リ東十餘丁ヲ隔テ、東清鉄道ノ寛城子駅ト相對ス、此間鉄路相接續ス昨四十二年中長春駅ニ於ル貨物取扱噸数約四十四万噸、旅客乗降数約三十五万ヲ算セリ　此處ノ鉄道附属地ハ元ト露国ノ租借地ニアラズシテ戦後満鉄會社ノ買収セルモノニ係ル其坪数約百五十万坪アリト雖モ適當ノ水源ニ乏シク長春城ノ北方ヲ流ルル伊通河ヲ利用スルノ便ナリトシ曩キニ清国官憲ト協商ヲ重ヌルモ議遂ニ合ハズ已ムヲ得ズ附属地ノ一隅ナル低地ニ井戸三個ヲ堀リ水道布設ヲ計畫スルニ至レリ

吉長鉄路ハ　目下建設中ノ清国吉長鉄路亦長春駅ニ接續ス、長春吉林間ノ距離約八十哩ニシテ途中ニ四個所ノ停車場ヲ設ケ総工費ハ豫算約四百三十万円（吉平両ニテ約三百六十万両）ニシテ本年一月ヨリ着手シ来年秋ニ竣功ノ豫定ナリ線路ノ状況左ノ如シ

曲線最小半径千五百呎　最大勾配　百分ノ一

隧道一ヶ所長千八百呎
飯馬河、伊通河ノ橋梁長各四百五十呎
最大築堤ノ高約二十五呎
最大切取ノ深約四十呎
軌条一「ヤード」六十封度、長三十呎

哈爾賓

哈爾賓ニ於ケル滞在時間僅少ニシテ充分視察ヲ為ス能ハザリシヲ遺憾トス然レドモ一見シテ其市街劃策ノ規模宏大、且大膽ナルニ敬服セズンバアラズ茲ニ市街見取圖ヲ附シテ聊カ責ヲ塞ガントス
全市街ガ東清鉄道會社ノ附属地ニシテ其面積ハ長春ノ鉄道附属地ノ十倍ストモ云フ之レヲ別チテ新市街、埠頭區及旧市街トス新市街ハ哈爾賓駅ニ接近シ最モ高燥ノ地ヲ占メ官廳、會社、學校等廣大ナル建

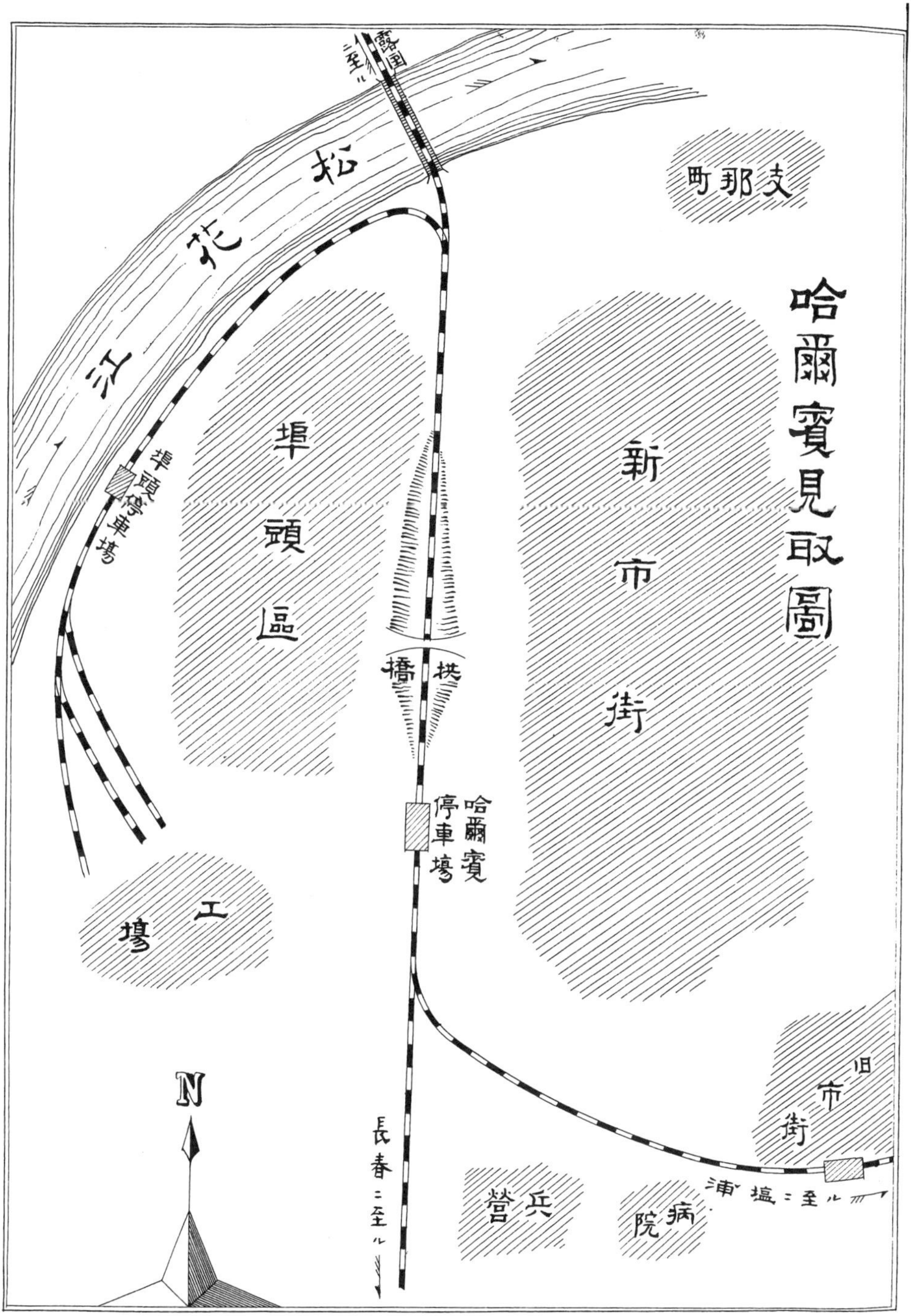

哈爾賓見取圖
露国ニ至ル
松花江
支那町
埠頭停車場
埠頭區
新市街
拱橋
哈爾賓停車場
工場
旧市街
浦塩ニ至ル
長春ニ至ル
兵營
病院
N

築ハ皆此處ニアリ、埠頭ハ倉庫、製造所、商店等専ラ之ヲ占ム松花江ノ沿岸ニアリテ水陸ノ連絡最モ便ナル地点ナリ而シテ旧市街ハ亦商業區ナリ

別ニ支那町ト称シ鉄道附属地以外ニ支那人ノ住居セル地区アリ

人口ハ約五万ニシテ内露国人二万六千支那人二万、日本人三百、其他各國人一千アリト云フ

安奉線（附図第十一号参照）

安奉線ハ鴨緑江岸安東縣ヨリ奉天ニ至ル線ニシテ満洲ノ鉄道中風光ノ佳絶ナルハ実ニ本線中ニアリ今便ヲ計リ軽便線及改築線ノ二種ニ別チテ記述スベシ

軽便線

初メ臨時鉄道大隊ニ依リテ起工シ安東縣ヨリ下馬塘迄約百余哩ハ明治三十八年二月開通シ仝年七月臨時軍用鉄道管部ノ所管ニ移リ奉天下馬塘間約八十六哩ハ仝年十二月開通セリ翌三十九年九月野戦鉄道提理部ノ所管ニ移リ又翌年満鉄会社創立ト共ニ会社ノ手ニ帰セリ

軽便線ニ使用シツツアル機関車ハ重量十五噸及十一噸ノ二種ニシテ十五噸機関車ハ山線ニ用フ其数合セテ八十二台アリ内常ニ五十台ヲ運転ス一日約八百噸ヲ牽引シ軌間ハ二呎六吋ニシテ軌条ハ一ヤード付二十五封及十八封度ノ二種ヲ用フ最大勾配ハ山線ニ於テ二十五分一其他ハ五十分一最小半径ハ山線ニ

於テ一鎖五十節ニシテ平坦線ニ於テ三鎖ヲ限リトス
貨車ノ重量ハ二噸乃至五噸ニシテ貨物列車ハ一列車四十噸ヨリ成リ旅客列車ハ約百人ヲ収容ス孰レモ山線ニ於テハ之ヲ二分ス
目下奉天、安東縣間ノ直通時間ハ夜中危険ニシテ運轉ヲ停止セルヲ以テ約二日間ヲ要ス

改築線（附図第十二号参照）

改築線ハ軌間ヲ四呎八吋半トシ最大勾配ヲ八十分一、曲線ノ最小半径ヲ十五鎖ニ改築スルヲ目的トシ全長約百六十九哩ニシテ四十二年八月七日ヨリ起工シ奉天、石橋子間約三十六哩ハ全年十一月三日ヲ以テ廣軌列車ノ運轉ヲ開始セリ而シテ安東縣、鷄冠山間約五十哩ハ本年十一月三日ヲ以テ石橋子、本溪湖間約十二哩ハ来年一月一日ヲ以テ開通スベキ豫定ニシテ然ル上ハ奉天安東縣間ニ於ル直通列車時間大ニ短縮シテ約十五時間ヲ要スベシ鷄冠山本溪湖間約七十一哩ノ内最長隧道ハ福金嶺隧道ニシテ長四千八百八十四呎、現ニ四十三年九月

八日掘鑿セル延長ハ東口福金ニ於テ已ニ一千餘呎余、西口大東ニ於テ九百呎余ニ及ビ全部ノ貫通ヲ見ルハ来年五月ノ豫定ナリ此間ニ廣軌列車ノ運轉ヲ見ルハ来四十五年三月中ノ豫定ニシテ然ル上ハ全線ニ於テ直通列車約九時間ヲ要スベシ

[illegible]

[illegible]者平面之豊玉二年之豊

節 田

朝鮮ノ部

朝鮮ノ鉄道

朝鮮ニ於テ従来帝国政府ノ経営セル鉄道ハ其延長約六百三十八哩ニシテ之ニ本年十月開通セル支線平壌鎮南浦間ノ約三十五哩ヲ加ヘ約百七十三哩ニ達ス、軌間ハ通シテ標準軌間即四呎八吋半ニシテ線路ノ構造ハ概シテ堅固ニシテ所謂大陸的ナリト雖モ停車場ノ建物ノ如キハ或ル二三ケ所ヲ除キ他ハ概ネ木造ニシテ所謂日本式ナリ之ヲ満鉄停車場ノ永久的煉化建築ニ比較スル時ハ其美観ト持久ノ点ニ於テ劣ルコト数等ノ下ニアリ

沿革

朝鮮ニ於テ初メテ鉄道ヲ布設シタルハ京城仁川間ニシテ明治二十九年中米人ゼームス、アール、モールス氏ガ韓国政府ノ特許ヲ得テ工事中仝三十年十二月邦人ノ設立セル京仁鉄道合資会社ガ之ヲ継承竣工シテ三十二年九月仁川

鷺梁津間二十餘哩ヲ開通シ尋テ三十三年七月鷺梁津京城(西大門)間五哩餘ノ工事竣成ヲ告ゲ茲ニ京城仁川間全通シ運輸営業ヲ開始セリ

釜山永登浦間ハ邦人ノ経営ニ係ル京釜鉄道株式会社ガ明治三十四年八月工ヲ起シ三十六年十月前記京仁鉄道合資会社経営ノ京城仁川間ノ鉄道一切ヲ買収シ茲ニ韓国鉄道統一ノ端ヲ啓ケリ而シテ同年十二月日露両国ノ関係逼迫ヲ告クルヤ日本政府ハ京釜線ノ速成ヲ命シ大ニ其工ヲ進メ三十七年十一月永登浦、草梁間二百六十七哩余ヲ竣成シ翌年一月一日ヨリ運輸営業ヲ開始セリ而シテ釜山草梁間ハ其距離僅カニ一哩ナルモ比較的難工事ナリシカ遂ニ明治四十二年四月竣成ヲ告ケタリ

京義線ハ日露開戦後軍事上ノ目的ヲ以テ明治三十七年三月日本陸軍官憲ニ於テ工ヲ起シ翌三十八年四月清川江、大寧江ノ架橋ヲ除キ線路ヲ開通シ越テ三十九年三月両橋成リ茲ニ全線ノ開通ヲ見タリ

馬山線ハ三十八年八月工ヲ起シ翌三十九年五月開通セリ然レトモ以上ノ両線ハ

兵馬倥偬ノ際ニ速成セシモノナレハ其設備不完全ニシテ旅客貨物ハ當分便乘便載ノ制ヲ採リ續テ之レカ改良工事ニ着手シ四十一年四月一日ニ至リ其改良工事半ハ竣成ヲ告ゲ一般ノ運輸營業ヲ開始セリ

斯ノ如ク各線布設ノ沿革ヲ異ニシ其經營ノ準則モ亦従テ異ナレリカ日本政府ハ之レカ統一ノ必要ヲ感シ三十九年七月京釜鉄道ヲ買收スルト同時ニ統監府鉄道管理局ヲ設置シ續テ仝年九月陸軍官憲ヨリ京義、馬山両線ヲ引継ギ茲ニ朝鮮鉄道ノ統一ヲ見ルニ至レリ左ニ線路ノ概况ヲ述ヘン

京釜線（附図第十三号参照）

朝鮮ヲ縦貫スル鉄道ノ最南端点釜山港ニ起リ京城ニ至ル幹線ニシテ延長二百七十四哩七十四鎖、橋梁ノ數三百十一、其延長約三万一千四百二十呎、溝渠ハ五百七十三、其延長三千七百七十五呎、隧道二十七、其延長一万七千〇八十一呎（最長ノ者ハ峴隧道トシ長三千九百〇八呎）停車場四十四、最急勾配五十分一、曲線最小半徑十五鎖トス

京仁線

京城、仁川ヲ連絡スル京仁線ノ旧線路ハ踠曲甚シク貨客頻繁ナル此通路ニ適セザルヲ以テ政府ハ四十年以来改良工事ニ着手シ改良線成リテ茲ニ列車運轉ノ円滑ナルヲ得ルニ至レリ。本線ハ京釜線永登浦駅ヨリ分岐シテ仁川ニ至ル延長十八哩三十六鎖ノ支線ニシテ途中河川池沼等比較的少ナリ橋梁僅ニ十二、其延長約六百三十四呎、溝渠二十五、其延長約百二十呎、一ノ隧道ナク停車場五、最急勾配百分一、曲線最小半径十五鎖トス

馬山線

京釜線三浪津駅ヨリ馬山ニ至ル延長二十四哩七十一鎖ノ支線ナリ此線路ハ比較的難関ニシテ改良工事ヲ施セルモ尚最急勾配四十分一ヲ有ス、曲線最小半径ハ十五鎖ニシテ橋梁三十三、其延長約三千七百四十二呎、溝渠九十八、其延長約五百八十四呎、隧道二、其延長ハ千二百五十呎、停車場五アリ

京義線（附図第十四号参照）

本線ハ京城ノ南、即チ京釜線龍山駅ヲ起点トシ北方ニ向ヒ開城、黄州、平壌、定州、宣川、ヲ経テ鴨緑江南岸新義州ニ至ル延長三百九哩七十六鎖ノ幹線ニシテ別ニ黄州ヨリ分岐シテ兼二浦ニ至ル八哩五十六鎖ノ支線ト本年十月開通セル平壌ヨリ分岐シテ鎮南浦ニ至ル約三十五哩ノ支線トヲ有ス

此幹線ハ今尚改良工事施工中ニシテ現在ニ於テハ最急勾配四十分ノ一、曲線最小半径十五鎖ナリト雖モ若シ夫レ改良工事成ルノ暁ニハ最急勾配百分ノ一、曲線最小半径二十鎖ノ良線タルヲ得ヘシ、線路ニ架スル橋梁ノ数二百九十六、其延長約三万六千八百呎、内臨津江、馬尾川、龍津江、大同江、清川江、大寧江、郭山川、三橋川ニ架セルモノヲ最大ナリトス、溝渠三百七十八、其延長二千七百五十四呎、隧道十六、其延長一万三千九百九十九呎半、停車場四十六アリ

営業成績

朝鮮鉄道ノ営業成績ハ頗フル不良ナリ今四十一年度末ノ成績ヲ採リ之ヲ

本邦内地鉄道ノ成績ニ比較對照スレバ左ノ如シ

	内地鉄道	朝鮮鉄道
営業哩数	五、三二三哩	六三八哩
乗客数	一四九、四六三、一八五人	二、一七二、七四一人
貨物噸数	二六、〇九八、四五九噸	七三七、六九三噸
営業収入	八三、六八八、五七五円	三、九五六、八五四円
営業費	四三、八六七、一五二円	四、六八五、七七六円
収入百ニ付支出	五三、六一	一一八、四二

四十三年ノ今日ニアリテハ営業収入ニ多少ノ増加アルハ無論ナリト雖モ而カモ之ヲ経済的ニ運転スルハ頗ル困難ノ業タルベシ

鴨緑江架橋工事（附図第十五号参照）

鴨緑江ハ朝鮮及満洲ノ境界ヲ流ルヽ大河ニシテ源ヲ長白山頂ノ龍王潭ト云フ湖水ヨリ発シ本流ノ長約二百里ニシテ西朝鮮海ニ注グ交通運輸ノ便ハ甚大ナリトモ云フ可カラス何トナレハ冬ハ殆四ヶ月間ニ亘ル結氷期間アリ夏ハ七、八両月ニ跨ル洪水ノ憂アリ。秋ハ又減水ノ虞アリテ一ヶ年ノ殆ンド半ハ水運ノ便良好ナラス然レモ我国ノ富士川其他ニ使用シツヽアル所謂高瀬舟ヲ利用スレハ平時ニ於テ江口ヲ距ルコト約百七十里ナル恵山鎮迄溯ルコトヲ得ベシ

鴨緑江架橋工事ハ朝鮮総督府鉄道局ノ管理ニ属シ総工費約二百三十余万円ノ豫算ヲ以テ現ニ施工中ニシテ東洋ニ於テ稀レニ見ル所ノ大工事ナリトス、架橋位置ニ於ル鴨緑江ノ満干潮ノ差ハ平時ニ於テ約八尺アリ新橋梁ノ全長約三千九十八呎、構桁ハシウエツドラー式ニシテ二百呎六連及三百呎六連ヲ架設スル計画ナリ後者ノ内一連ハ船舶航通ノ便ヲ計リ開旋橋トナス故ニ橋脚ノ数ハ合セテ十二個ニシテ内一個ハ開旋橋ノ中央ニ位ス

河床ノ地質ハ上層ハ砂及砂利層下層ハ岩層ニシテ基礎トシテハ最良好ナリ目下橋臺橋脚建設中ニシテ橋臺ハ箱枠沈下工ヲ施シ杭打混凝土ヲ施コシテ基礎ト為セリ橋脚ノ基礎工ハ潜水函(Pneumatic Caisson)ヲ使用シ壓搾空気ヲ利用シテ水ヲ排除スル装置ニシテ目下一部分竣工セリ左ニ項ヲ分チテ記述スベシ

橋臺及橋脚工事ノ工程

十二個ノ橋脚ノ内第一号乃至第六号ニ至ル六個ノ基礎工事ハ明治四十二年八月二十日着手シ仝十二月八日ニ至リ冬期結氷ニ際シ一時中止シ翌四十三年四月二十日其軀躰石積工事ニ着手シ六月二十九日以上六個ノ橋脚全部竣成セリ第七号及第八号ノ二個ハ四十三年四月五日ニ着手シ仝七月末日ニ至リ全部竣工セリ第九号以下第十二號ニ至ル四個ハ四十三年八月十五日ニ着手シ目下盛ニ施工中ニテ四十四年六月中ニ全部完成ノ豫定ナリ

南橋臺ハ四十三年三月三十一日ニ着手シ仝八月十七日ニ至リ全部竣工シ北橋臺ハ

四十三年五月三日ニ着手シ同下袖石垣ヲ除キ全部竣工セリ

潜水函

潜水函ハ本工事ノ最モ大切ナル部分ニ属シ本大學三十五年卒業ノ山田技師ノ設計ニシテ石川島造船所ノ製作ニ係ル鉄製無底函ナリ函ハ沈下ニ伴ヒ漸次上部ニ混凝土工ヲ施シ以テ所定ノ深サニ達セシメ基礎ヲ構成スルモノニシテ函ハ永久基礎ノ最低部トナル沈下ノ際ハ水ヲ排除スル為メ函内ニ壓搾空気ヲ充タシ労働者ハ其気中ニ在リテ容易ニ掘鑿作業ニ従事スルコトヲ得ベキ構造トス函内ト水面上トノ交通ハ函ノ天井ヨリ上部混凝土ヲ貫キ水面上ニ達スル円塔二個アリテ一ハ労働者ノ昇降路他ハ材料揚卸ノ用ニ供ス其構造及寸法等ハ別図ニ詳カナリ

函ハ沈下一定ノ深サニ達スル毎ニ上部ニ混凝土ヲ施シ再ビ函内ヲ掘鑿シ終ニ函ノ尖端ヲ岩層内ニ二三尺沈入セシメタル後函内ニ混凝土ヲ填充シ以テ基礎トナシ次ニ円塔ヲ

撤去シ代フルニ混凝土ヲ以テシ全ク基礎工事ヲ終了ス

歐米諸國ニ於テハ壓搾空気内ノ作業時間ハ一気壓ニ対シテハ六時間、二気壓ニ対シテハ四時間、順次五気圧ニ対シテ二時間以内ニ制限セザレバ潜水函病ヲ惹起スルノ恐レアリトシ医學上ヨリ打算セル専門家ノ所説紛々タリト某モ鴨緑江架橋ニ使役セル支那苦力ハ曩ニ清川江架橋工事ニ使役セラレ所謂専門的函内人夫ニシテ金錢ノ前ニハ何等ノ衛生思想ナキ者ノミナレバ気壓十五封度迄ハ十二時間、気壓十五封度以上二十九封度迄ハ八時間ト云フ非衛生的労働時間ヲ以テスルモ何等ノ病的現象ヲ発見セズト云フ亦以テ労働者トシテ清国苦力ノ恐ルベキヲ知ルベシ

竣工期

構桁ハ曩キニ米国橋梁會社ニ注文シ目下彼地ニ於テ製作中ニシテ全部到着上朝鮮側ヨリ架設ニ着手シ順次清国側ニ及ボシ明治四十四年十月迄ニ架設ヲ了シ以テ本工事ノ完成ヲ告クル豫定ナリ

仁川水道（附圖第十六号参照）

仁川水道ハ韓國内部土木局ノ所管ニ屬シ明治三十九年十一月工費約貳百四十万円ノ豫算ヲ以テ着手シ明治四十三年九月其主要工事ノ竣功ヲ見ルニ至レリ其ノ設計概要左ノ如シ

豫定人口　七万人

百人ニ對スル最大給水量　四立方尺

沈澱池三個、壹個ニ付二十四時間分ノ給水量ヲ貯ヘ得但シ内壹個ハ豫備

濾過池　四個内三個ヲ常用トシ一個ハ豫備

浄水池　二個合セテ十二時間分ノ水量ヲ貯フ

水管ノ壓力ハ　二百三十封度ニ耐フ

水源地ハ京釜線ノ鷺梁津鉄橋ヲ隔ル約三百五十間漢江ノ左岸ニアリ地積約六千餘坪ニシテ此處ニ機関室、沈澱池、濾過池ヲ設ケ取水喞筒ニヨリ漢江ヨリ吸ヒ揚ケ

タル水ヲ沈澱シ濾過シ再ビ送水喞筒ニヨリ背後ノ山高サ三百七十二尺ノ頂上ニ設置セル浄水池ニ押シ揚ケ更ニ自然流下ニヨリ内径五百粍ノ送水本管ヲ通シテ延長約七里三十二町ヲ距ル配水池ニ送水ス配水池ハ仁川市街ノ東北松林山ノ頂ニアリ其満水面ハ基點上三百十二尺ニシテ海岸通ヨリ高キコト約百六十五尺、其容積ハ所要水量ノ二日分ヲ貯ヘ給水管ハ内径五百粍乃至百粍ヲ用ヒ仁川市街最高部ヲ除キ大抵ノ家屋ニ給水シ得ルナリ

朝鮮ノ築港工事

朝鮮ニ於ケル築港工事ハ海関工事ノ一部トシテ度支部建築所ノ所管ニ属シ釜山、元山、仁川、木浦、鎮南浦、群山、馬山、城津、新義州、新津ノ十開港場ニ於テ税関設備ヲ主トシ施工シツヽアルモノニシテ小官ノ視察セシハ鎮南浦、釜山ノ二個所ノミ
以上各開港場ノ税関設備トシテハ日露戦争以前ハ全ク放任ノ状態ニアリテ人工ヲ加フルコト極メテ少ク僅ニ天然ノ地形ヲ利用シテ物貨ノ積卸ヲナシ来リシカ明治三十八年税関工事部設置以来関税行政ヲ敏活ニ施行セシムル目的ヲ以テ之レカ計畫ヲ立テ其ノ第一期工事ハ明治三十九年度ヨリ五ケ年継続事業ト為シ海関工事費三百二十二万余円ノ豫算ヲ編成シ其後又追加工事施工ノ必要ヲ認メ更ニ継続年限三ケ年ヲ延長シ總経費ヲ四百九十万余円ニ更正シ着々実施シツヽアリト雖モ元ト此第一期ノ工事タルヤ應急設備ノ方針ヲ採リ而モ其経費モ亦豊カナラサルヲ以テ将来ニ渉ル築港工事トシテハ僅ニ其一小部分ニ過ギザルナリ

鎮南浦（附図第十七号参照）

鎮南浦ハ平安道ノ西南端ヲ占メ大同江口ヲ溯ルコト十哩ノ右岸ニアリ江ヲ隔テヽ南ニ黄海道ノ西北界ニ対ス江ヲ以テ此両道ヲ界シ両道ハ自ラ天然ノ防波堤ヲ為シ風波ヲ避クルニ便ニシ三十五哩ノ江上ニハ平壌ヲ扣ヘ水深ク湾濶シ只冬期二ケ月間ハ流氷アル為メ航海杜絶ス

本港ハ三十七八年頃ノ輸出入総計約六百万円ナリシモ今日ハ一千万円以上ニ昇リ平壌、鎮南浦間ノ鉄道ハ本年十月ヲ以テ開通シ将来大ニ発展ノ見込アル開港場トナス目下邦人ノ戸数約一千ヲ算ス

鎮南浦第一期海関工事ハ大同江河岸明狣通リヲ夾ミタル地区ヲ鑿平、埋築シ此処ニ諸廳舎、上屋、倉庫ヲ新築シ又河岸ヲ整理シ埠頭附近ニ桟橋ヲ設ケ干潮時ト雖ドモ荷役ヲ便ニシ其他海港検疫所ヲ設置シ又市街ト飛溌島トノ間ニ介在セル干潟地ヲ堀鑿シ内港ヲ設ケ海陸ノ連絡ヲ計ルヲ以テ目的トシ工費ヘ

約百十四万三千余円ハ箇年継続事業トシテ明治三十九年度ヨリ着手セリ

内港ノ施設ハ閘船渠ヲ築造シ船溜内ノ水面ハ閘門ニ據リテ殆ント一定ノ深サヲ保タシメ其最低限度ヲ小満潮面ニ止マラシメ船溜内ノ船舶ハ岸接繋留シテ荷役ヲ為サシメ船溜ハ南方仮締切堤ニヨリ外海ト分界シ東方ニ埋立地ヲ築造シ飛溪島ニ連ナル埋立地沿岸ノ一部ヲ繋船岸壁トナシ船舶ヲ横付セシム其長約九十間ナリ他ノ沿岸ハ物揚場護岸トシ帆船並ニ艀船ノ繋船場タラシム閘門ハ幅七十二尺扉ハ一ケ所ニ備フル計画ナリトス目下仮締切工事完成シ盛ニ堀鑿及埋立工事ヲ為シツヽアリ

釜山港

釜山ハ朝鮮ノ関門ニシテ港ハ対州ヲ距ルコト僅ニ四十浬、東南ニ絶影島横ハリ島内ニ沿フテ湾ヲナシ水深ク且広ク朝鮮ノ一天良港ト称セラル有史以来帝国ト膠膝ノ関係ヲ有シ明治九年其開港場トナリシヨリカタ旅客ノ往来、貨物ノ集散、日ニ隆盛ニ赴キ

人家櫛比シ目下邦人実ニ二万三千ヲ数ヘ民團ヲ組織シ宛然一日本ノ一大都市タルノ觀アリ

釜山海関工事（附圖第十八号参照）

釜山海関工事ハ専ラ京釜鉄道ノ基点釜山停車場ノ設備ト相俟チテ海陸ノ連輸聯絡ヲ計ルヲ主眼トセルモノニシテ其第一期工事ハ工費約百四十四万余円五ケ年継続事業トシテ明治三十九年度ヨリ着手シ目下略ホ完成ヲ告ケントス其計畫タルヤ釜山停車場南側地先ヲ埋立テ停車場東南端ヨリ延長約二百三十九間ノ突堤ヲ築造シ其外側ハ防波石垣トナシテ突堤内部ヲ保護シ又其内側ニ並行シ鋼製桟橋ヲ設ケ水深常ニ二十四呎以上ヲ保チ三千噸乃至四千噸ノ船舶二隻ヲ同時ニ繋留セシムルニ足ラシメ突堤中部ニハ桟橋ニ並行シテ上屋、倉庫ヲ建設シ其前面ト背面トニ於テハ停車場構内ニ聯絡シテ鉄道ヲ布設シ又桟橋ヨリ停車場及市街商業地区ニ直通スヘキ道路ヲ設クルコトヽセリ埋立地面積ハ約一万三千坪ニシテ其水際延長約三百間ハ物揚場及護岸石垣トナシテ艀船ノ荷役ニ便ニシ更ニ此南ニ接近シテ凹字形石垣物揚場ヲ築造シ其水面積ヲ約六千坪トシ安全ナル船溜トナシ帆船ノ岸接荷役ニ便ニセリ

又別ニ元ト税関船溜タリシ水面積ヲ改築シ漁港ヲ造リ其ノ水面積約六千坪ヲ区劃シテ主トシテ漁船ノ泊地ト為シ周囲ノ沿岸ハ斜面石垣トシ水産物ノ荷揚ニ便ナラシメ石垣ニ接近シテ冷蔵庫及製氷庫ヲ建設シ一日九噸ノ製氷力ト六噸ノ冷蔵力トヲ有セシメ其他蓄監、干燥水産物庫等水産ニ関スル在ラユル設備ヲ為シツヽアリ此外検疫所設備等アリ官民建築物ヲ除キ單ニ土木工事ニ費セシ金額ハ約八十万円ナリトス、

釜山鑿平工事

本工事ハ釜山民團ノ所管ニ屬シ元ト領事館山ト稱セシ硬岩ヨリ成ル山、約十八万立方坪ヲ掘鑿シ平垣トナシ之ヲ以テ臨港ノ地区約五万坪ヲ埋築シ釜山、草梁間ノ連絡ヲ容易ナラシムルト共ニ臨港埋立地ヲ築造スル計畫ニシテ工費約九十二万円ヲ以テ明治四十二年

五月ヨリ着手二ケ年ニシテ竣成ノ豫定ナリ之ヲ釜山鑿平工事ト称ス目下壓搾空氣使用鑿岩機（インジヨセル式第十六号形）ト及人夫（韓人）約一千人トヲ併セ使役シテ一日ニ約百七十坪乃至二百坪ヲ鑿平シ軽便鉄道ニ據リ臨港地ニ運搬シ盛ニ海面埋立ヲ為シツヽアリ

結論

上来列記スル所ニ就テ之ヲ概論スレバ満鉄ノ経営ハ積極主義ヲ採リ概シテ規模宏大ナリ之ニ反シ朝鮮ノ施設ハ消極主義ヲ採リ計畫狹小ナラズトスルモ今ハ只其ノ一部ヲ実施シツヽアルニ過ギズ築港ノ如キ是ナリ又鉄道線路ノ如キ其ノ軌道ノ構造ハ両者間ニ優劣アルヲ見ズト雖モ停車場ノ設備ニ至ツテハ大ニ等差アリ満洲停車場ニハ煉瓦石造ノ建築少カラズ是レ多クハ露国ノ遺物ナリトハ云ヘ一見其ノ資金ノ豊ナルヲ示ス之ニ反シ朝鮮ニハ粗笨ナル木造ノ建築多シ前者ハ永久的ニシテ後者ハ仮設的ナリ又病院ノ設備等満洲ニハ至ル所ニ完全ナルモノアリ而テ鉄道営業ノ状態ノ如キ一ハ近キ将来ニ大ニ発展ノ餘地アリ一ハ當分営利ノ見込ナキモノヽ如シ夫レ然ヘリ

然リト雖モ欧亜公通ノ便開ケルニ至ラバ吾人ノ益スル所少ナカラザルベク貧弱朝鮮ノ如キモ総督府ノ施政宜シキヲ得テ漸次開発シ鉄道ノ布設益々擴張セラレ港湾ノ設備漸ク歩ヲ進ムルト共ニ殖産興業ノ途愈々開ケ更ニ新領土開明ノ曙光ヲ認ムルコトヲ得ニハ

吾人期シテ疑ハザルナリ

韓国併合史研究資料 ⑯

⑴鮮満地方出張視察報告書 ／ ⑵鮮満地方視察報告
⑶朝鮮地方制度視察報告書 ／ ⑷朝鮮民情視察報告
⑸清国及朝鮮視察報文

2018 年 4 月　復刻版第 1 刷発行　　　**定価**（本体価 10,000 円 +税）

原本編著者　⑴木 村 富 士
⑵東京府教育研究会
⑶台湾地方自治連盟本部
⑷同 光 会 本 部
⑸二 見 鏡 三 郎
発 行 者　北 村 正 光
発 行 所　株式会社 龍 溪 書 舎
〒179-0085　東京都練馬区早宮 2-2-17
TEL 03-5920-5222・FAX 03-5920-5227

ISBN978-4-8447-0467-6
落丁、乱丁本はお取替えいたします。

印刷：大 鳳 印 刷
製本：高橋製本所